Rolf Becher

Meines Pferdes erste Schritte

ROLF BECHER

Meines Pferdes erste Schritte

Eine wertvolle Anleitung

Mit zahlreichen Illustrationen vom Autor

ERICH HOFFMANN VERLAG HEIDENHEIM

Umschlag von Dieter Heilig

Satz und Druck: Druckerei+Verlag Werner Jerratsch, Heidenheim Printed in Germany 1973
ISBN 3 87343 376 1

INHALT

EINFÜHRUNG

Immer im Leben sind die ersten Schritte eines jeden Lebewesens entscheidend. Man sollte diese Tatsache so ernst nehmen, wie sie von mir in dieser Einführung wahrhaftig gemeint ist. Die erste Gegenüberstellung mit irgendeiner Aufgabe prägt die positive oder negative Entwicklung des Geschöpfes. Was zum wirklichen (also Wirkung gebenden) Beginn gut oder schlecht ist, recht oder unrecht, klug oder dumm, wird sich im zukünftigen Leben in der begonnenen Richtung auswirken und eine ausgeprägte Tendenz des betreffenden Geschöpfes in diese oder jene Richtung erkennen lassen. Das ist einfach ein Gesetz des Lebens, das für Mensch und Tier offensichtliche Gültigkeit hat.

Die Psychologen wissen das, seit der Psychoanalytiker Sigmund Freud die erste Bresche geschlagen hat, Gustav le Bon Licht in die Psychologie der Massen und in die Tierpsychologie gebracht hat und die modernen Verhaltensforscher mit Konrad Lorenz an der Spitze uns Einblick in die Verhaltensweise der Tiere gaben. Kein gebildeter, denkender Mensch ist sich heute im unklaren darüber, daß jede körperliche Leistung psychisch bedingt ist. Logischerweise bedeutet das, daß eine körperliche Leistung nur aus psychischem (seelischem) Gleichgewicht zu erwarten ist und umgekehrt eine psychische Ausgeglichenheit nur aus dem körperlichen Gleichgewicht entstehen kann. Die Menschen der Antike wußten das schon, sonst hätten wir heute nicht den Satz »mens sana in corpore sano«.

Ich bitte meine Leser, diese Gedankengänge als die Grundlage aller meiner Schriften zu erkennen, wenn sie gewillt sind, aus den folgenden Aufzeichnungen wirklichen (also wirkungsvollen) Nutzen zu ziehen. Ohne Nachdenken und Nachfühlen geht es nicht, und wer dazu nicht bereit ist, mag dieses Buch besser sofort aus der Hand legen.

GRUNDCHARAKTER DES PFERDES

Da wir uns mit dem jungen Pferd beschäftigen wollen, interessieren wir uns zunächst einmal für seine Verhaltensweise.

Fähigkeiten, Eigenarten, Besonderheiten eines bestimmten Lebewesens haben ihre Verwurzelungen natürlich in den Lebensbedingungen der Art. Es ist eindeutig klar zu erkennen, daß unter bestimmten Lebensbedingungen, Einflüssen, Situationen oder Erlebnissen eine Katze anders als ein Hund, ein Büffel anders als ein Löwe, ein Affe anders als eine Antilope und ein Pferd anders als ein Mensch reagieren wird.

Wer diese Eigenartigkeit der Tiere durch nachfühlende Beobachtung studiert und mit menschlicher Vernunft respektiert, kann mit Tieren umgehen und ist in der Lage, eine Verständigungsbasis zu schaffen, die das Tier schließlich zum Partner in denjenigen Aufgabengebieten werden läßt, die seiner Mentalität zugänglich sind.

Hier allein liegen die oft erstaunlichen Erfolge hervorragender Reiter, Tierlehrer und auch Humanpädagogen.

Mißerfolge beruhen immer auf egozentrischer Einstellung des Lehrers (Reiters), der nur in seinen persönlichen Gedankenbahnen seine eigene

Vorstellung in die des Tieres hineinzuprojizieren versucht. Ich werde darauf im Laufe meiner Abhandlung noch oft hinweisen müssen.

Wie sieht es also im Grundcharakter des Pferdes aus? Die Ahnen und Urahnen des Pferdes waren friedliebende Pflanzenfresser, im Gegensatz zur Familie der Katzen und Hunde, die von jeher Jäger waren. Sie waren im Gegensatz zu den Rindern, die von der Natur mit Hörnern ausgestattet wurden, völlig unbewaffnete Pflanzenfresser.

In Not und Bedrängnis mußte sich also das Pferd auf die Flucht und damit auf die Schnelligkeit seiner Beine verlassen, und — erst in eine ausweglose Enge getrieben — werden der Huf zur Verteidigungswaffe und das Gebiß zur letzten verzweifelten Abwehr. Um eine so geartete Tierfamilie am Leben zu erhalten, mußte die Natur die Spezies Pferd mit einem sehr sensitiven Nervensystem ausstatten, das blitzartig zu reagieren imstande ist. Aus diesem Grunde sind Pferde im Wesen furchtsam, scheu und außerordentlich empfindlich gegen unvermittelte, überfallähnliche Eindrücke. Unter den Sinnen stehen Geruch, Gehör und Gefühl weit vor dem Auge.

Das zu wissen, ist in der Ausbildung des Pferdes von ausschlaggebender Bedeutung, weil der Ausbilder seinem Pferd tatsächlich erst das „Sehen" im Hinblick auf gemeinsame Zusammenarbeit lehren muß.

Um jedes Mißverständnis auszuschließen, bitte ich, das nicht so zu verstehen, daß das Pferd etwa schlecht sieht. Es sieht sogar in der Dunkelheit besser als der Mensch, aber es sieht anders, es sieht zweckgebunden an die Lebensverhältnisse seiner Ahnen. Es sieht im weiten Umkreis (bis fast hinter sich) geringfügige Bewegungen, weil das zur Erhaltung seiner Art so ungeheuer wichtig war. Darum muß es erst neu sehen lernen im Dienst des Menschen, der es zum Beispiel über Hindernisse reiten will (taxieren lernen), weil das im Naturprogramm nicht vorgesehen war.

Ein weiterer Charakterzug ist der bekannte Herdentrieb, der auch ein naturgegebener Ur-Instink der Familie Pferd ist, weil Hunderte von Nüstern und Ohren eine drohende Gefahr sicherer entdecken als nur ein paar. Daher suchen Pferde Sicherheit und Frieden in der Herde. Für das domestizierte Pferd ist die Herde zum Stall geworden, woraus sich der Stalldrang erklärt. Auch jetzt, nach etwa 5000 Jahren Domestikation des Pferdes sitzt in seinem Charakter diese Grundveranlagung der Ahnen.

Aus diesem Hintergrund heraus müssen wir also jede Belehrung, Erziehung und Ausbildung unseres jungen Pferdes gestalten.

Nachdem wir das domestizierte Pferd im Laufe der Jahrtausende abseits seines Wildpferdelebens beobachtet haben, kommen wir zur Erkenntnis und zur Erfahrung, daß das Pferd als unser Zögling und Schüler folgende Eigentümlichkeiten aufweist, die dem Erziehungs- und Ausbildungsplan Richtung geben:

1. fast unfehlbares Erinnerungsvermögen
2. geringe Intelligenz
3. guter Verstand (Lernfähigkeit, Verstehen)
4. keine Vernunft (abstraktes Folgern, Urteilen)
5. Neigung, anderen Pferden etwas nachzumachen
6. starke Empfindlichkeit gegen ungerechte Behandlung
7. dankbare Würdigung von Lob und Leckerbissen
8. Aufmerksamkeit (beim Lernen neuer Aufgaben nur über kurze Zeit)
9. Verknüpfung von bereits Erlerntem durch Ähnlichkeit angrenzender Vorstellungen
10. Erfassen der Gleichzeitigkeit, z. B. bei Hilfengebung, Lob, Strafe.

Wenn wir erkennen, daß also jeder körperliche und jeder seelische Impuls durch das Zentralnervensystem und das autonome, vegetative System mit seiner zweizüglichen, antagonistischen Steuerung gelenkt wird, können wir durch geschickte Erziehung und Ausbildung unser Pferd zu einem willigen Schüler oder zu einem widerspenstigen Nichtsnutz machen, wenn wir als primitive Ignoranten uns daran machen, Pferde zu dressieren.

Das klingt sehr schwierig, ist aber gar nicht so schwer verständlich. Es handelt sich eigentlich stets darum, die Ausbildung so zu gestalten, daß Schmerz und Unlustgefühle beim Pferd möglichst vermieden werden und daß irgendwelche Übungen, die unvermeidlich unlustbetont sind, alsbald mit lustbetonten Maßnahmen ausgeglichen oder überdeckt werden. Der erfolgreiche Ausbilder handelt entweder unbewußt nach diesen Gesetzen (das ist dann der geniale Reiter aus Naturveranlagung), oder er weiß um die Zusammenhänge und handelt wissend, planmäßig und gezielt danach.

Der selbstherrliche Ignorant verdirbt auch die besten Pferde, und zahllose Pferdeneurotiker legen ein eindeutiges Zeugnis dafür ab.

Ich muß meine Leser an dieser Stelle besonders darum bitten, die bis hierher erfolgten Darlegungen besonders lebendig im Sinn zu behalten, um alle folgenden Ausführungen richtig verstehen zu können, weil diese das Fundament für den weiteren Aufbau der Ausbildung ausmachen.

Ich bitte weiter jeden, der dies liest, verstehen

zu wollen, daß die Schulung keineswegs die eines Muskelapparates ist, der allein durch Kräftigung mit Zug und Druck in mechanische Funktion zu setzen ist und daß weiterhin gerade eine schweißtreibende Kraftarbeit des Reiters das Sinnloseste und Unglücklichste ist, was man betreiben kann. Bei den alten Meistern des ausgehenden Barock und des beginnenden Rokoko finden wir zwei Reitmeister, deren Auffassung in krasser Opposition steht. Da sind zum Beispiel der Monsieur de la Broue, der seine Pferde mit Gewalt zum unterwürfigen Sklaven macht, und der vornehme Pluvinel, der uns eine seiner Zeit entsprechende poetische Sentenz hinterlassen hat, die ich meinen Lesern nicht vorenthalten will.

Er sagt da an einer Stelle: ». . . en prenant bien garde de l'ennuyer le jeune cheval, si faire si peut, et d'etouffer sa gentillence: car elle est aux chevaux comme la fleur sur les fruits, laquelle ostée ne retourne jamais.« (Hüten wir uns sehr, wenn irgend möglich, das junge Pferd zu verdrießen und seine anmutige Freundlichkeit zu ersticken: denn es ist wie beim Blütenhauch der Früchte, der, einmal verscheucht, nicht wiederkehrt.)

Diese beiden divergierenden Auffassungen über Reitausbildung hat es gegeben und wird es immer geben, und es wird der persönlichen Einstellung überlassen bleiben, ob man sich im Pferd einen Sklaven oder einen Partner heranbilden will.

Dieses Buch soll den Weg zur Partnerschaft weisen, und jeder Hinweis ist darauf abgestimmt.

DIE ERSTEN UNTERRICHTSSTUNDEN DES JUNGEN PFERDES

Reiter, die selbst auch Züchter sind, werden es schon deshalb leichter haben, weil sie die Charakterveranlagung des Fohlens von der Geburt an beobachten können. Sie können weiterhin das »Pferdekind« von Beginn an im Umgang mit dem Menschen vertraut machen.

F.: Ist es richtig, wenn ich annehme, daß jedwede Ausbildungsarbeit, jeder Bewegungsablauf primär aus der Bereitschaft des Nervensystems entsteht, dessen Reizung in der Folge die betreffenden Muskeln in Tätigkeit setzt?

A.: Treffend formuliert. So ist es. Und je nachdem, wie ich diesen Reiz anwende, wird er wirksam oder unwirksam. Ich muß beim Ansetzen eines Reizes durch Reiterhilfen (Gewicht, Schenkel, Zügel, Gerte, Sporen, Stimme) mir darüber klar sein, wie sich Reizqualität und Reizfrequenz zueinander verhalten. Ein neu oder sehr selten gesetzter Reiz hat eine hohe Reizqualität. Die häufige Anwendung eines Reizes, also eine öftere oder unablässige Anwendung (hohe Reitfrequenz) hat geringe und oft gar keine Reizqualität mehr.

Daraus geht hervor, daß bei gut gerittenen Pferden die geringste Hilfe von großer Qualität ist (das Pferd also sofort reagiert) während ein Pferd bei Anwendung hoher Reizfrequenz durch Puffen, Stoßen, Ziehen und Zerren, Spornieren und Peitschen immer stumpfer wird, bis die Reizqualität zum Nichts schwindet und bis alles in Rebellion umschlägt.

F.: Das ist einleuchtend. Wie ist es möglich, daß man dergleichen aber so oft sieht?

A.: Weil fast aller Reitunterricht und fast alle

sogenannten Richtlinien in ihren Beschreibungen so tun, als ob man nur ein vierbeiniges Muskelpaket emsig zu »bearbeiten« hätte, um es in die gewünschte Form zu bringen und angeblich zu kräftigen. Wenn der wißbegierige Reiter sich nun vorschriftsmäßig an die handwerkliche, aktive Arbeit begibt, sitzt er schon fest, ehe er zum ersten Zug gekommen ist und steigert sich (schon aus Verzweiflung) in Zwang und Gewalt hinein. Der Ausweg ist zu, das Verständnis des Pferdes ist nicht erreichbar. Merkwürdigerweise ist gleichzeitig auch das Verständnis der betroffenen Menschen nicht erreichbar. Zu diesem humanpsychologischen Phänomen zitiere ich wörtlich den Psychologen Gustave le Bon: »Die Leichtigkeit, mit der gewisse Meinungen allgemein werden, hängt vor allem mit der Unfähigkeit der meisten Menschen zusammen, sich aufgrund ihrer besonderen Schlüsse eine eigene Meinung zu bilden.«

F.: Sie sprachen anfangs vom vegetativen Nervensystem. Ist es denn wichtig für einen Reiter, darüber etwas zu wissen? Und ist es denn überhaupt in die Ausbildungsarbeit einzubeziehen, da es ja autonom und unwillkürlich ist?

A.: Es ist sogar von außerordentlicher Bedeutung, wenigstens eine Ahnung von seiner Funktion zu haben, da der Tonus oder das »Betriebsklima« oder die Balance, wie Sie es auch nennen wollen, vollinhaltlich davon abhängt. An dieser Stelle zitiere ich eine Schilderung dieser Funktion, wie sie besser nicht zu geben ist, von Dr. med. Eberhard Schaetzing: »Um einer plötzlich bemerkten Gefahr zu begegnen oder ihr zu entfliehen, schaltet der Sympathikus sofort und automatisch den gesamten Organismus auf Abwehr oder Flucht um. Das heißt: Alles ist nach außen gerichtet – die Haare sträuben sich – die Skelettmuskulatur wird bei gleichzeitiger Adrenalinausschüttung aktiviert und steht in sprungfertiger Alarmbereitschaft – das Herz schlägt schneller – der Blutdruck steigt infolge peripherer Gefäßverengung – die Haut zieht sich igelhaft zwecks Oberflächenverkleinerung zusammen – die Körperpforten sind geschlossen – alle visceralen und generativen Vorgänge kommen ins Stocken. Genügt all dies, um die Gefahr zu überwinden, so löst sich dieser »sympathische« (weil zweckmäßige) Zustand nach Beseitigung der Bedrohung wieder in aufatmendes und entspannendes Wohlgefallen auf. Erst die Unsicherheit des Individuums, ob noch Gefahr besteht – oder der Zweifel, ob die eigenen Kräfte zur Überwindung ausreichen, läßt die gesunde Furcht in ungefüge Angst umschlagen und den »sympathischen« Spannungszustand in den »unsympathischen« der Vagotonie übergehen. Die Bewegungen werden im Sinne des

Totstellreflexes gelähmt — die Augen sind bei weitgestellten Pupillen (Vagusreiz) aufgerissen — die Körperpforten öffnen sich schleusenartig — der Schweiß bricht aus — und notfalls versagen die Spinkteren des Uro-Genital- und Darmsystems.«

F.: Damit wäre ja in gewissem Sinne auch das autonome Nervensystem dem Ausbilder zugänglich.

A.: Eine durchaus korrekte Folgerung. Durch ruhige, verständnisvolle Schulung kann ich das zweizügliche System des Sympathikus und des Parasympathikus in harmonischer Balance halten. Erst wenn diese Balance erreicht ist, wird das Zentralnervensystem sinnvolle Befehle an die Bewegungsmuskulatur geben können. Auf einen simplen Nenner gebracht heißt das: Wenn ich mein Pferd nicht durch falsche Einwirkungen verrückt mache, wird es bis an die Grenze seiner Veranlagung belehrbar, also auszubilden sein.

F.: Sie erwähnen im Unterricht oft Lösungsgymnastik. Ohne jede Spannung kommt man aber doch nicht aus.

A.: Natürlich nicht. Es kommt aber sehr darauf an, was man sich unter Spannung vorstellt. Bewegung entsteht ja überhaupt nur dann, wenn ein Muskelpaar durch wechselseitiges Beugen und Strecken, also durch Spannen und Entspannen zusammenarbeitet. Spannung ist nur aus der Entspannung heraus denkbar. Will ich also eine zweckgerichtete Spannung erzielen, muß ich sie aus der Entspannung herausholen. Total Gespanntes ist hart, unzugänglich und für keine weitere Leistung brauchbar. Ein nervlich und muskular gespanntes Pferd ist ein unzugänglicher Prellbock. Aus dieser Erkenntnis heraus predige ich Lösungsgymnastik; um aus ihr ein Höchstmaß zweckgerichteter Spannung herausholen zu können.

F.: Nachdem wir jetzt gerade bei der Muskulatur sind, interessiert mich, wie sich das mit der Hinterhand des Pferdes verhält. Es heißt doch, alle Bewegung geht von der Hinterhand aus?

A.: Eine sehr interessante Frage. Natürlich stimmt das im Wesentlichen, denn Kraft und Schwung gehen eindeutig von hinten nach vorn. Meines Erachtens ist aber der ausschlaggebende Hauptbewegungsmuskel, der die größte Aufmerksamkeit des Ausbilders verlangt, der lange Rückenmuskel mit seinen Austrahlungen. Dieser (longissimus dorsi mit m.multifidus, m.spinalis, m.biceps femoris etc.) stellt ja doch die Brückenverbindung zwischen Hinterhand und Vorderhand her. Wenn dieser Muskel nicht gelöst ist (um sich im geeigneten Moment spannen zu können, wie wir wissen), ist die Coordination gestört oder in schwierigen Fällen sogar zerstört. Das ist der Grund, warum ich so großen Wert darauf lege, daß *grundsätzlich* auf eine elastische Rükkenarbeit des Pferdes Hauptaugenmerk gerichtet wird.

KONKAV

Wenn in richtungsweisenden Lehrbüchern zur Erläuterung Bilder gedruckt werden, die mit dikker schwarzer Linienführung (Abb. 1) vom Unterhals des Pferdes her, untenherum am Bauch eine starke Muskulatur in vordringliche Erscheinung bringen, während oben über den Rücken des Pferdes zur Hinterhand nur eine dünn angedeutete, gestrichelte Linie gezeigt wird, schlägt das jeder anatomischen Tatsache ins Gesicht. Der wißbegierige Leser wird völlig in die Irre geleitet. Dort, wo die dicke Linie am Bauch zu sehen ist, befindet sich niemals bei einem Pferd ein kraftvoller Muskel-Strang; dort unten am Bauch befindet sich eine sehnige, plattige Hängematte, die lediglich flache muskulöse Zwischenlagen hat, die wesentlich dazu geschaffen sind, den gesamten Muskelring zu coordinieren und (zum Beispiel) das Vorschwingen der Hinterbeine mit zu bewerkstelligen.

Der ungeheuer wichtige Hauptbewegungsmuskel sitzt oben, genau dort, wo die so nebensächlich dünn-gestrichelte Linie gezeigt ist. Der unterlegte Text macht die Verwirrung vollständig. Die hier gezeigte Umkehrung der Darstellung trifft die anatomischen Gegebenheiten und wäre dann für folgernde Gedankengänge instruktiv.

Die korrekte Erklärung für den so wuchtig gezeigten Bauchmuskel (der für den ausbildenden Reiter im Gegensatz zum langen Rückenmuskel sehr uninteressant ist) wäre der: — der rectus abdominis läuft als platter Längsmuskel neben der Mittellinie — und durch die derben Sehnenmassen der linea alba mit dem der anderen Seite verbunden — vom Brustbein zum Schambeinkamm.

Zu Abb. 2: Die dicke schwarze Linie kennzeichnet den langen Rückenmuskel (longissimus dorsi) mit seinen Ausstrahlungen als den Hauptbewegungsmuskel. Die schwarze Linie kennzeichnet das Nackenband (ligamentum nuchae), das sich vom Hinterhauptbein über den Widerrist und die Kuppen der Dornfortsätze der Rückenwirbel bis zum Kreuzbein hinzieht. In der Dehnungshaltung wirkt dieses Sehnenband als Trosse, die die Rückenwirbelbrücke stützt. Damit wird der lange Rükkenmuskel weitgehend entlastet und für schwungvolle Arbeit frei. Darauf muß das Hauptaugenmerk des ausbildenden Reiters gerichtet sein.

Sobald der Hals-Rücken-Bogen in die konkave Linie kommt (zum Beispiel bei groben Paraden, schwerem Hintenreinsitzen, Bestrafen mit Rückwärtsziehen der Zügel) gerät der Nervenzustand des Pferdes in krankhafte Spannung und schlägt schließlich in Widersetzlichkeit um. Sobald der Hals-Rücken-Bogen konvex wird, tritt Beruhigung ein, und die Coordination aller Bewegungselemente ist sichergestellt.

Er spannt sich wie eine Hängematte und trägt die Last der Eingeweide. Er trägt nicht den Reiter, wie der longissimus dorsi oben. Wozu also die Vorspiegelung falscher Tatsachen?

Ich muß diesen Hinweis hier bringen, weil sonst unter der Fürwahrhaltung falscher anatomischer Zusammenhänge die Basis grundlegend falsch wäre, von der auszugehen ist, und weil ich auf diese Abbildung hin oft gefragt worden bin.

F.: Sie meinen also — ich will das jetzt so primitiv und knapp wie möglich ausdrücken — wenn ich durch geduldige Belehrung das Nervensystem des Pferdes und durch geschickte gymnastische Schulung eine elastische Rückenarbeit des Pferdes in den Griff bekomme, habe ich auch die Basis für jede weitere Ausbildung, für die das Pferd sich nach Veranlagung eignet?

A.: Ganz genau das meine ich. Und wie man das praktisch macht, besonders im Hinblick auf die Springausbildung, die ja Thema dieses Buches ist, will ich, nach dieser kurzen Analyse, nun als Programm aufzeigen.

PROGRAMM

Das Programm der Ausbildung eines Springpferdes gestalte ich nach den Richtlinien, die mir diese vorausgegangene Analyse diktiert. Da die Harmonisierung der gemeinsamen Arbeit im Vordergrund stehen muß, sorge ich zunächst für eine zweckentsprechende Ausrüstung, denn ein Zaumzeug, das nicht paßt, und Sattelzeug, gegen dessen Fehlkonstruktion ich dauernd ankämpfen muß, sind eine schlechte Ausgangsposition.

Es ist nicht möglich, hier auf Sattelung und Zäumung und Eigenart der Wirkung unterschiedlicher Gebisse einzugehen, und ich muß darum bitten, das in meinem Buch »Erfolg mit Longe, Hilfszügel und Gebiß« nachzulesen. Ich kann im Rahmen dieses Buches nur das Wesentliche darüber erwähnen. Das gilt auch für die genaue Beschreibung des »leichten Sitzes«, der detailliert in »Meines Pferdes erste Schritte« geschildert ist. Alles das ist aber so ungeheuer wichtig, weil ein nur nebelhaftes Wissen darum die ganze Arbeit in Frage stellt.

Ich bringe also über Ausrüstung und »leichten Sitz« nur weitere Ergänzungen, die das dort Geschriebene abrunden sollen. Von nun an in Klammern gesetzte Wörter sollen eine Erinnerungsbrücke schlagen zu den Gedanken, Erfahrungen und Folgerungen, die in der Analyse besprochen worden sind.

Ich beginne also mit mir selbst, mit meinen mir anvertrauten Pferden und Schülern mit einer gewissenhaften, ausgefeilten Reitausbildung im leichten Sitz ohne Hindernisse. Solange die Reiter das nicht können und/oder solange die Pferde darauf nicht einwandfrei reagieren, ist jeder Springversuch glatter Unfug, weil die Pferde nichts verstehen, aufgeregt werden und nichts lernen (Nervensystem).

Aus diesem Grunde gehört bei mir grundsätzlich ein Martingal, und zwar nur ein sinngemäß konstruierter Martingal (siehe Buch »Erfolg . . .«) zur Ausrüstung. Ich erwähne erneut, daß ein solcher Martingal ein Pferdeschoner und kein Pferdequäler ist, wie oft irrtümlich gesagt wird. Er ist kein Hilfsmittel, um dem Pferd den Kopf »runter« zu reiten, sondern eine Art »Thermostat«, der in prekären Augenblicken die Zügelhilfe auf Unterkiefer und Zunge umleitet, wenn sie in Richtung Maulspalte-Backzähne unwirksam wird und zur Quälerei ausartet. Der dazugehörige Halsriemen ist beim Geländereiten und Einspringen noch unreguliert gehender Pferde überdies ein gutes Hilfsmittel auch für den besten Reiter, um in unglücklichen Augenblicken, wenn auch nur mit zwei Fingern einer Hand, da hineinzufahren, um nicht im Maul zu stören.

Auch die Hannoversche Reithalfter tausche ich gegen eine Englische Reithalfter aus, weil das Zubinden des Maules zu nichts nutz ist, und der tiefliegende Nasenriemen die Atmung beeinträchtigt. Ich erlaube mir, das sogar den reinen Dressurreitern zu empfehlen, um ihre Arbeit dahingehend zu überprüfen, ob ihre Einwirkung vornehm genug ist, sogar ohne Reithalfter zu reiten, ohne daß das Pferd den Rachen aufsperrt. Das wäre auch für jeden Richter in Dressurprüfungen wichtig zu wissen. Mit der Hannoverschen Reithalfter wird nämlich sehr leicht grobe Zügeleinwirkung zugedeckt.

Wenn wir abrundend das Wesentlichste des »leichten Sitzes« wiederholen, so dreht es sich um folgenden Kernpunkt: Der »leichte Sitz« ist ein Bewegungssitz und muß dynamisch verstanden und *mühsam* erlernt werden. Er heißt nicht »leichter Sitz«, weil es leicht und einfach ist, so zu reiten, sondern weil er dem Pferd die Bewegungen seines Hauptbewegungsmuskels (longissimus dorsi mit Ausstrahlungen), also die *Rükkenarbeit* erleichtert. Die Hauptschwierigkeit beim Erlernen des leichten Sitzes ist es, hinter die Wirksamkeit des Vorwärts-Impulses zu kommen. Wer nicht unabhängig von seinen Händen mit dem Gleichgewicht, bei unerschütterlichem Fundament (Knie/Wade/Fuß) spielend umzugehen versteht und noch nicht in der Lage ist, treibende und hemmende Bewegungsimpulse zur Wirkung zu bringen, sollte sich nicht an die Springerei heranmachen.

Wer mit langen Bügeln und wie es manchmal sogar heißt, mit gut nach vorn geschobenen Hüften (!) sich ein wenig aus dem Sattel hebt und das dann »leichten Sitz« nennt, wird nie und nimmer wirklich zur *Einwirkung* kommen. Es ist tatsächlich nur völlig mißverstandenes Zeug mit hoffnungslosem Ausgang. Ich warne dringend vor solchen »halbseidenen« Versuchen.

Alles »vorn-über und willentlich aus dem Sattel heben« ist reines Gift. Das Entlasten des Pferderückens geschieht durch Tiefnehmen der Schultern, wobei der Reiter in der Schwerlinie seines

Fundamentes Knie/Wade/Fuß verbleibt, andernfalls ist kein treibender Impuls möglich. Die Abbildungen sollen das erläutern. Um die Reiter dazu auszubilden, habe ich mit gutem Erfolg die nicht unbekannten gymnastischen Übungen angewendet, die sich dazu eignen, aus gutem Fundament heraus unabhängig von den Händen unter Anwendung des veränderten Gleichgewichtes auf das Pferd effektiv einzuwirken. Die Abbildung mit Text erläutert das.

Übungen um den Reiter geschmeidig zu machen, sein Fundament unerschütterlich zu schulen, ihn von den Händen frei zu machen und größtmögliche Geschmeidigkeit von der Hüfte aufwärts zu erzielen. Pferd umarmen. Fußspitze anfassen. Rückwärts deuten. Boxen. Immer soll das Fundament am gleichen Platz bleiben.

Wie man sieht, kann man kein Pferd ausbilden, ohne zuerst den Reiter, der es reiten soll, gründlich geschult zu haben. Ich mache das gerne, indem ich Parcours ohne Hindernisse reiten lasse, die nur durch Fänge markiert sind. Dabei sollen die Reiter lernen, den Weg geschickt einzuteilen und zu wenden, das Tempo abzufangen und zuzulegen, kurz, ihre Pferde parcoursmäßig rittig zu machen.

Im weiteren Aufbau der Springausbildung beginne ich dann mit der von mir so genannten Spring-Grund-Schule.

Nachdem die elastische Rückenarbeit für alle Zukunft im Vordergrund steht, beginne ich alsbald mit Kombinationen, weil die dazu erforderliche Wellenbewegung des Rückens, die durch das Abfußen — Landen und erneut Abspringen — gegeben ist, die glücklichste Maßnahme ist, um dem Pferd die Technik des Springens (Reflexbahnen) beizubringen.

Ich beginne mit der Distanz von 7,50 m bei etwa 0,80 m Höhe. Diese Distanz ist tatsächlich zunächst leichter als 10,50 m. Die Pferde lernen schneller den Rhythmus. Wenn das zur Zufriedenheit, also spielend, gelingt, setze ich in gleicher Höhe einen »In and Out« von 4 m Distanz. Das ist keineswegs, wie oft angenommen wird, eine schwierige Sache, und man wird erstaunt ein Eisen auf dem Amboß), sondern daß man erfolgreich nur *mit einem Pferd arbeiten* kann.

Anstelle der einfachen Longe kann man auch mit Chambon longieren, wie es in meinem Buch

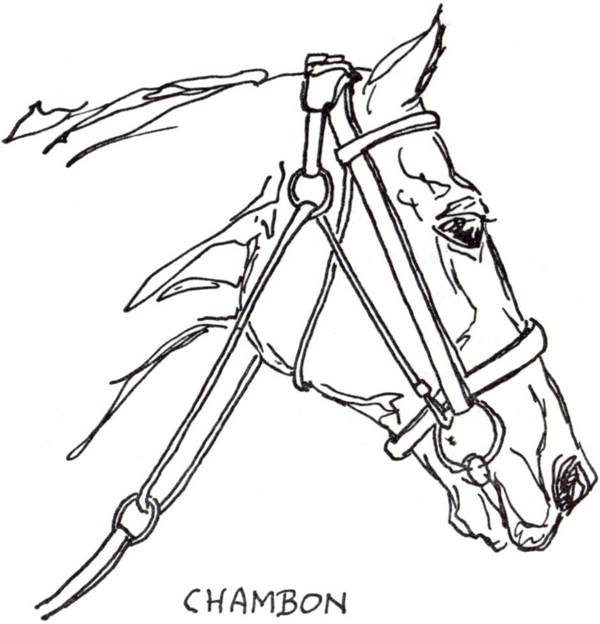

CHAMBON

»Erfolge mit Longe, Hilfszügel und Gebiß« (E. Hoffmann-Verlag, Heidenheim) eingehend beschrieben ist. Dies ist für die Anfangsgründe ausgezeichnet, später, wenn das Pferd ans Gebiß herantreten soll, jedoch wirkungslos.

Alles bisher Beschriebene ist natürlich nicht nur für die Zeit anwendbar, die vor dem ersten Gerittenwerden liegt, sondern kann mit großem Nutzen auch hin und wieder mit älteren Pferden gepflegt werden.

Beschäftigen wir uns jetzt mit dem Tag, an dem das junge Pferd zum erstenmal mit den Reitergewicht bekannt gemacht werden soll.

DAS ERSTE AUFSITZEN

Wie immer ist das erste Mal entscheidend. Das kann nicht oft genug gesagt werden.

Ich lasse mich grundsätzlich dazu hinaufheben. Dieses Hinaufheben, wie es im Rennstall üblich ist, muß gelernt sein — sowohl vom Reiter als auch vom Helfer. Es muß leicht und elegant vor sich gehen und darf nicht die geringste Ähnlichkeit mit der Verladeübung eines Zementsackes haben.

Man macht das so: Der Reiter steht links vom Pferd mit dem Blick nach vorn, — die linke Hand nimmt die Zügel leicht auf und packt den Hals oberhalb des Widerrists —, die rechte Hand faßt den Sattelkopf über der Kammer (nicht den Sattelkranz!), das linke Bein wird angewinkelt, der Reiter springt hoch und wird genau im selben Augenblick durch die linke Hand des Gehilfen, die das Schienbein dicht unter dem Knie erfaßt, hochgeschoben. Nun stützt sich die rechte Hand am Sattelkopf ab, das rechte Bein des Reiters schwingt über das Pferd, beide Beine des Reiters packen zu und lassen das Gewicht vorsichtig in den Sattel gleiten. Loben durch Halsklopfen und Leckerbissen, vom Gehilfen gegeben, sollten folgen. Richtig gemacht gelingt das sehr bald. Es ist dann das logische Ergebnis der richtigen Vertrauensbildung bis hierher.

Als weitere Belehrung wird jetzt stillgestanden und keineswegs gleich losgeritten, sonst bekommt man ein Pferd, das gleich losgeht, weil es das Stillstehen nicht gelernt hat.

Nach ein bis zwei Minuten Stehen absitzen. Eleganter, ruhiger, weicher Absprung (kein Absteigen mit linken Fuß im Bügel) und Wiederholung eventuell zwei- bis dreimal, dann ab zum Stall, damit das Erlernte sitzt.

Wir erinnern uns: Nach jeder gelungenen, neuen Aufgabe ist Schluß. Das zahlt sich in Zukunft hundertfach aus.

Wir erinnern uns weiter, daß der Rücken des jungen Pferdes erst tragfähig werden, und daß es immer der Rücken eines Pferdes ist, der nicht nur das Reitergewicht tragen muß, sondern über den alle Bewegungen in Zukunft harmonisch ablaufen sollen.

Es ist klar, daß es mein nächstes Ziel sein muß, alle Bewegungsabläufe zu koordinieren. Wenn ich irgendeine Muskelgruppe zu einer Arbeit heranziehe, der sie noch nicht gewachsen ist, bin ich unklug oder unwissend. Die Rückenbrücke mit dem Hauptbewegungsmuskel (longissimus dorsi, langer Rückenmuskel) erfordert daher ganz besondere Aufmerksamkeit. Ich reite daher jedes junge Pferd grundsätzlich im leichten Sitz an, weil jedes Pferd, dessen Rücken noch nicht tragfähig ist, logischerweise widerspenstig wird, und das kann ich mir nicht leisten, weil ich dann gegen Spannungen kämpfen muß und schon im ersten halben Jahr meinen Partner verliere.

Natürlich muß man wissen, was ein korrekter, wirksamer leichter Sitz ist. Man darf nicht mit langen Bügeln vornübergeneigt herumgammeln und sich dann wundern, wenn nichts daraus wird. Nichts ist in Deutschland so unbekannt, wie der wirkliche, das heißt der *wirkungsvolle* leichte Sitz. Ich habe ihn in zahlreichen Artikeln beschrieben, in meinem Buch »Reitergedanken« deutlich umgrenzt und auch in »Erfolg mit Longe, Hilfszügel und Gebiß« flüchtig mit Zeichnungen auf Seite 45 und 68 kenntlich gemacht. Dieserart geschult, und gekonnt angewendet, kann man junge Pferde, verdorbene und empfindliche Pferde ausbilden und korrigieren, wenn man entschlossen ist, zuerst einmal an sich selbst zu arbeiten. Und das sollte man tun, weil es sich lohnt. Es ist doch immer besser, mit Selbstdisziplin und Überlegung zum Ziel zu kommen, als mit Vorurteilen Unwissender vollgestopft und mit mittelalterlichen Methoden Pferde zu »verheizen« und den »Bock« untauglich zu nennen, anstatt sich selbst. — Ich hoffe, daß ich mit dieser drastischen

Bemerkung die Ignoration nicht verletze, sondern zum Nachdenken anrege. –

Wer sein Pferd nicht im leichten Sitz bis an die Anforderungen einer A-Dressur heranbilden kann, hat keine Ahnung, was ein leichter Sitz ist. Kennt er aber die Wirkungsweise, so braucht er nur zur gegebenen Zeit die Bügel auf Dressurlänge zu schnallen und wird überrascht sein, wie zwanglos sein Pferd auch eine Dressuraufgabe geht.

Auch in der folgenden Zeit lasse ich mich von einem Gehilfen in den Sattel heben, bis das Stillstehen zur Selbstverständlichkeit geworden ist. Dann gewöhne ich das Pferd daran, nahe bei einem Holzklotz, einer Bank oder einem Hocker stillzustehen, von dem aus ich aufsitze, weil das für alle Zukunft nur Vorteile bringt. Zum ersten ziehe ich dabei den Sattel nicht schief, weil ich kaum Gewicht in den Bügel bringe, wenn ich von erhöhter Stelle aufsitze, zweitens strecke ich nicht das Leder des linken Bügelriemens und schließlich belaste und belästige ich mein Pferd dabei nicht wie beim Aufsitzen vom Boden aus.

Die Spöttelei mancher Zeitgenossen über dieses Aufsitzen ist unbegründet und dumm. Zu Zeiten der Kavallerie war sie nicht unberechtigt, weil der Soldat im Krieg natürlich keine Gelegenheit hat, sich einen Hocker zum Aufsitzen hinzustellen. Diese Begründung ist aber in unserer Zeit des sportlichen Reitens sinnlos geworden. Hier zeigt sich die Reitkultur in gutem und elegantem sportlichen Können, und ein Aufhebenlassen oder Aufsitzen von der Bank aus stempelt niemanden zum Tattergreis. Man sollte diese Spöttelei (wie manche andere auch, auf die ich noch hinweisen werde) endlich unterlassen.

Um nicht falsch verstanden zu werden: Ich sage nicht, daß man niemals vom Boden her aufsitzen soll, sondern daß man jede sich bietende Gelegenheit, es besser zu machen, auch ausnützen soll. Aufhebenlassen ist nicht degradierend, sondern klug.

Nun kommen wir mit unserem jungen Pferd, dessen Vertrauen wir jetzt weitgehend besitzen, zum ersten Anreiten.

ERSTES ANREITEN

Das junge Pferd muß nun die allerersten, und das sind die vorwärtstreibenden, Reiterhilfen erlernen. Niemals würde das Pferd zu Beginn vorwärtstreibende Reiterschenkel verstehen. Ich nehme daher eine etwa 80 Zentimeter lange Springgerte mit, weil das Pferd das Antippen oder Anklatschen versteht, und vereinige diese Peitschenhilfe mit antreibenden Schenkeln. In sehr kurzer Zeit wird mein Pferd das verstanden haben und in seiner »Gefühlssprache« die Peitschenhilfe in die Schenkelhilfe übersetzen. In den ersten Tagen mache ich das Pferd mit treibenden Hilfen nur im Schritt und Trab bekannt und geize nicht mit Lob, sobald es willig vorwärts geht, wenn ich es will.

Ich empfehle dringend, in dieser Zeit keine lange, etwa 120 Zentimeter lange Dressurgerte mitzunehmen, weil diese durch ihre schwuppige Länge bei ungeschickten Bewegungen leicht ans Pferd kommt, ohne daß das beabsichtigt ist. Das beschwört Mißverständnisse herauf, die der weiteren Vertrauensbildung außerordentlich schaden.

Im Laufe dieser vorwärtstreibenden Belehrung vermeide ich es peinlich, mein Pferd im Rücken und im Maul zu belästigen. Knie-Wade-Fuß als

Fundament des leichten Sitzes schließen das Pferd unerschütterlich sicher ein. Meine Schulter befindet sich genau über Knie und Bügeltritt, und meine Hände stehen bei leichtem Kontakt mit dem Maul still am Pferdehals angelehnt. Ich bemühe mich auch in unangenehmen Situationen, etwa wenn mein Pferd übermütige kleine Sprünge macht, mich dem Tier anzupassen und es mit mir in einen geregelten Bewegungsablauf hineinzulavieren.

Das sind die Grundelemente für das erste Anreiten. Es zieht sich wie ein Leitfaden durch die ganze Ausbildung: Immer muß *ich mich* zunächst dem Pferd anpassen, um dann, wenn die Verständigung gelungen ist, das Pferd veranlassen zu können, meinen Wünschen willig zu gehorchen.

Diese ersten Schritte und Tritte unter dem Reitergewicht tragen ausgesprochen *prägenden* Charakter, d. h., die Erinnerung daran prägt sich beim Pferd derart ein, daß man in der Zukunft daraus immer Nutzen zieht oder im Gegenteil immer wieder erstaunt ist, warum hier oder da plötzlich keine Verständigung mehr möglich ist.

Was im Ausbildungsbereich dieser ersten Schritte, Tritte oder Sprünge bei den jungen Pferden durch Unkenntnis psycho-physischer Verknüpfungen und daraus folgenden körperlichen und nervlichen Zerrüttungen zur Auswirkung gebracht wird, ist unbeschreiblich.

Ich habe diese Passionsspiele der Kreatur jahrzehntelang beobachtet und bin absolut sicher, daß die Gewaltmaßnahmen des dressierenwollenden Menschen die Ursachen für das Heer minderwertiger, erfolgloser und untauglicher Pferde sind.

Es ist dabei so einfach, mit Tieren einen erfolgreichen Ausbildungsweg zu beschreiten, wenn man sich bemüht, logisch zu denken und zu folgern und wenn man bereit ist, Vorurteile über Bord zu werfen, die seit Jahr und Tag emsig als der Weisheit letzter Schluß stumpfsinnig weitergereicht werden.

Erziehung, Gewöhnung und gymnastische Durchbildung sind die segensreiche Dreieinigkeit, mit deren Hilfe ich alles erreichen kann.

Ich erinnere mich noch genau daran, als ich im Jahre 1929 einen Dressur-Kursus in Belgard/Persante bei dem damaligen Oberst a. D. von Heydebreck mitmachte, daß dieser uns einmal sagte: »Vergessen Sie nicht, meine Herren, daß Dressur im Kern Erziehung — Gewöhnug — Gymnastizierung bedeutet und folglich nichts mit aktiv-formender Arbeit zu tun hat.«

Ich erinnere mich weiter lebhaft an Siegfried von Hauk, den ich gut kannte, als er noch vor dem zweiten Weltkrieg seinen erfolgreichen »Wandervogel« ritt und der der Reiterwelt die klassische Stufenleiter der Ausbildung gab, die heute noch allen Bereitern und Reitlehrern der FN mit auf den Weg gegeben wird:

Takt — Losgelassenheit — Anlehnung — Schwung — Geraderichten — Versammlung.

Wir werden diese Stufenleiter, bei der keine Sprosse vertauscht werden darf, wenn der Aufbau nicht einstürzen soll, in der Folge besprechen.

1. Takt

Takt ist die Basis. Nur aus Takt in allen Bewegungen, in allen Gangarten kann sich Weiteres entwickeln. Takt kann zu Beginn schwunglos sein, wenn alles noch im Werden ist, wenn aber Schwung taktlos ist, ist der Aufbau gestört und nicht korrekt. Sobald aber der Takt sich einstellt, hat er im Gefolge

2. Losgelassenheit

deren Merkmal rhythmische Entspannung ist. Entspannung ist nur denkbar im Vergleich zum Gegenpol Spannung. Jedwedes Muskelsystem tritt in Aktion durch Spannung und Entspannung. Wenn das taktmäßig geschieht, haben wir Losgelassenheit der Bewegung.

3. Anlehnung

entsteht nun in der Folge wiederum dadurch,

daß die taktmäßigen, losgelassenen Bewegungen rhythmisch über den Rückenbogen und den Halsbogen nach vorn ans Gebiß heranschwingen. In diesem Heranschwingen der Bewegungen von hinten nach vorn bereitet sich schon die nächste Stufe vor, nämlich

4. Schwung

der durch kraftvolleres Muskelspiel, das sich aus Stufe 1, 2 und 3 entwickelt hat, in folgerichtige Erscheinung tritt. Diesen auf natürliche Weise entwickelten Schwung kann ich nun für den weiteren Aufbau meiner Arbeit für alles verwenden, und zwar zunächst für Stufe

5. Geraderichtung

Das bewußt über die vier Stufen erarbeitete Gangwerk meines Pferdes, das bis zu diesem Punkt durch die jedem Lebewesen eigene Schiefe — je nach dem betreffenden Individuum — mehr oder auch weniger in Erscheinung tritt und folglich stärker oder schwächer beeinträchtigt wird, — dieses Gangwerk also kann ich nun geraderichten. Versuche ich mich früher am Geraderichten, wird aus dem Pferd ein wackliges Wesen, das sich nach allen Seiten krumm macht, weil man noch gar keine klare Direktion nach vorwärts hat, *in die hinein* man überhaupt erst geraderichten kann. An diesem Punkt angekommen, wirken sich die Fehler durch aktive, formen-wollende Zügelarbeit geradezu katastrophal aus. Ist mir aber ein befriedigendes Geraderichten — aus den treibenden Einwirkungen in die passive Hand — gelungen, werden sich keine besonderen Schwierigkeiten für Stufe 6 mehr zeigen.

6. Versammlung

Versammlung bedeutet ja, das Pferd durch vermehrt anregende treibende Hilfen derart an den Zügel heranzubringen, daß es sich durch An- und Untertreten der Hinterbeine in sich selbst zusammenschiebt und dabei mehr und mehr zum Tragen kommt. Zusammenschieben kann sich aber nur Gelöstes. Was sich spannt, ist hart und unzugänglich, läßt sich also nicht versammeln zu harmonischer Zusammenarbeit.

Das völlige Mißverständnis des Begriffes »Versammlung« sehen wir in allen Variationen, wobei der Reiter von hinten treibt und boxt und mit Händen bremst und zerrt. Logischerweise wird damit das Pferd in eine Spannungsschraube ohne Ende hineingetrieben, deren Ventil nur Widersetzlichkeit gegenüber dem sinnlosen Unfug sein kann.

Zusammenfassend: Wenn ich diese sechsstufige Treppenleiter der Grundausbildung durchdacht, erfühlt und auch richtig angewendet habe, kann ich sicher sein, ein willig und schwungvoll vorwärtsgehendes Pferd zu bekommen, mit dem ich in Zukunft alles gemeinsam (das heißt, auch mit dem Verständnis und der Mitarbeit meines Pferdes) erreichen kann, was ich mir vorgenommen habe. Sei es auf dem Gebiet der Dressur oder Spring- und Geländereiterei.

Nun also zurück zu unserem jungen Pferd, das zutraulich steht, wenn man in den Sattel gehoben worden ist, oder wenn man von einem erhöhten Standpunkt geschmeidig in den Sattel gekommen ist. Da das Pferd noch gar nicht weiß, was nun eigentlich geschehen soll, muß ich auf die Reaktion warten und bereit sein, dementsprechend auf das Betragen meines Pferdes einzugehen. Bleibt mir der Youngster verschüchtert stehen, lege ich meine Beine (Unterschenkel) deutlicher an und klapse ihm mit dem Reitstock zunächst auf die Schulter, ohne mich etwa schwer und aufrecht in den Sattel zu setzen, weil der noch nicht tragfähige Rücken sofort rebellieren würde. Setzt sich das Pferd daraufhin im Schritt in Bewegung, kommt von mir sofort eine Belobigung mit Stimme und am Hals klopfender Hand. Beginnt es anzutraben, so nehme ich das ebenfalls an und hüte mich, den jungen Rücken schwer einzusitzen. Ich bemühe mich, im Leichttraben im Schwerpunkt der Bewegung zu bleiben, wobei ich vom ersten Augenblick an das Pferd an die treibende Aufforderung meiner Schenkel gewöhne.

So steht die erste halbe Stunde des Unterrichts im Zeichen der Erziehung und Belehrung, wobei jede wenn auch entschiedene Aufforderung zum Vorwärtsgehen *niemals* Zwangscharakter haben darf, wenn ich mir nicht alle Hoffnung auf Erfolg verbauen will.

Pferde sind gutmütige Geschöpfe, die bei richtiger Anleitung alles tun, was im Bereich ihrer Fähigkeiten liegt, vorausgesetzt, daß sie das, was verlangt wird, auch verstanden haben. Die meisten Ausbilder können nicht warten, bis dieses *Verständnis* eingetreten ist. Das ist der Hauptgrund für Mißerfolge. Der zweite, jede Hoffnung vernichtende Fehler ist der, nach erreichtem Verständnis die derzeitigen Fähigkeiten des Pferdes falsch einzuschätzen und das Tier zu überfordern. Mit diesen beiden Fehlern wird das Massengrab unzähliger gut veranlagter Pferde geschaufelt.

Nach längstens einer halben Stunde beschließe ich daher die erste Lektion und bin sehr zufrieden, wenn mein Pferd unter mir willig und zufrieden vorwärts geht. Keinesfalls versuche ich einen Galopp zu starten, weil das zu diesem Zeitpunkt zahllose Mißverständnisse heraufbeschwört. Sollte das Pferd schon beim erstenmal von sich aus angaloppieren, passe ich mich unverzüglich der Bewegung an und bemühe mich vorsichtig, wieder zu Trab oder Schritt zu kommen. Grobes Abbremsen der Galoppbewegung wäre natürlich grundfalsch.

Grundsatz: Je langsamer ich mit der Ausbildung in den ersten Tagen vorgehe, desto schneller bin ich schließlich am Ziel, weil ich Mißverständnisse und Überforderung ausgeschaltet habe.

Die jeweilige Anforderung an die physischen und psychischen Fähigkeiten des Pferdes richtig zu dosieren, ist natürlich Sache des Könnens und der Erfahrung. Darum kann man auch nur Anhaltspunkte geben, mit denen man dann individuell verschieden operieren muß.

Ein junges Pferd, wie es bis hierher als Beispiel genommen ist, nehme ich aus den beschriebenen Gründen in den ersten Wochen immer erst etwa 15 Minuten an die Longe (je nach Geschicklichkeit und Verständnis des Pferdes, an die einfache oder an die Doppellonge) und reite es anschließend noch etwa 15 bis 20 Minuten. Das ist für das junge Tier genug, um die Lernfähigkeit wachzuhalten, denn es ermüdet schnell in seiner Aufmerksamkeit. Es ist deshalb auch klug, diese aufbauende Arbeit mit öfteren Schrittpausen am langen Zügel von ein bis zwei Minuten zu unterbrechen, um das Interesse des Pferdes an der Aufgabe nicht abzutöten.

Im Laufe der ersten 14 Tage etwa erwächst aus Vertrauen und Gewohnheit eine solide Grundlage. Durch richtige Maßnahmen und Einwirkungen auf das Pferd bilden sich Reflexbahnen, die in Zukunft automatisch wirksam werden und bei vollendeter Grundausbildung (wenn man von Vollendung in der Reiterei überhaupt reden darf) schließlich das wirklich gut gerittene Pferd ausmachen.

Korrekte Haltung in der Galoppade.

Der unschätzbare Wert rhythmischen Reitens in allen Gangarten gewährleistet mir weit mehr, als ein gut und angenehm zu reitendes Pferd. Es macht nämlich aus diesem Pferd auch ein gesundes, ausdauerndes Pferd mit großer Stamina (Stehvermögen, Durchhaltekraft), weil taktmäßige Bewegung reguliertes Atmen mit sich bringt, reguliertes Atmen durch Zuführung des Sauerstoffs das venöse Blut regeneriert, die Herztätigkeit in ihren Rhythmus einschließt und somit den Blutkreislauf denkbar günstig beeinflußt.

So trainierte Pferde werden von Woche zu Woche schöner und kräftiger, weil der Gesamtorganismus und das Nervensystem koodiniert sind.

Nachdem mein junges Pferd schon eine gewisse Reife erlangt hat, taucht die Frage auf, von nun an etwa mit Sporen zu reiten. Dazu stelle ich mich wie folgt: Scharfe, spitze Sporen jedenfalls nicht. Stumpfe Sporen, wie sie heute fast allgemein üblich sind, ja.

Wann und warum? Wenn der Reiter den stumpfen Sporn im rechten Zeitpunkt anzuwenden versteht, löst er nämlich einen Reflex aus, der das Pferd veranlaßt, den gleichseitigen Hinterfuß energischer vor und unter den Schwerpunkt zu setzen, das Becken etwas anzuziehen, die Rückenwirbel etwas zusammenzuschieben und in der Folge über den Halsbogen hinweg im Genick nachzugeben. Dieser Reflexbogen tritt (bei korrektem Gebrauch der Sporenhilfe) sofort in Erscheinung durch »Leichtwerden« in der Hand.

Die »Sporen zu geben«, um das Pferd schneller zu machen, ist natürlich eine falsche und alberne Vorstellung, die der Ausbildung, wie sie in diesem Buch beschrieben ist, zuwiderläuft.

WENDUNGEN IM GANGE

Sobald mein Pferd den vorwärtstreibenden Hilfen folgt, belehre ich es, meine wendenden Hilfen zu verstehen. Wenn ich bisher im wirklich gekonnten leichten Sitz, mit ruhig am Hals aufgesetzten Händen geritten bin, wird mein Pferd auch keine unruhigen, schwankenden Hals- und Kopfbewegungen erlernt haben, mit dem fast alle Ausbilder zu kämpfen haben, die ihre Pferde mit frei in der Luft kutschierenden Händen reiten. Schon nach den ersten zehn Tagen etwa kann man Hals und Kopf stabilisiert haben, wenn man sich ruhige, stille, nur dirigierende und nicht aktiv einwirkende, dauernd die Richtung korrigierende oder »melkende« Hände angewöhnt hat.

Grundsatz: Man kann kein Pferd mit Händen reiten!

Man kann nur ein Pferd in die dirigierenden Hände *hineinreiten!*

Habe ich diese Regel befolgt, läuft alles weitere ohne Schwierigkeiten ab, weil das Verständnis für »Hände und Zügel« beim Pferd schon erreicht ist.

Jede Wendung im Gange muß aus meiner vorwärtstreibenden Einwirkung vom Sattel her, d.h., Gewicht und Fundament (Knie – Wade – Fuß), entspringen. Was dabei die Einwirkung der Hände für die Richtungsänderung betrifft, so erziehe und gewöhne ich mein Pferd daran, die äußere am Hals angelegte und leicht drückende Hand als äußere Begrenzung zu verstehen, während die innere Hand die Wendung eröffnet, indem sie keinesfalls rückwärts, sondern seitwärts einwirkt. Das kann zu Beginn ein Seitwärtsnehmen

Durch eine „schmale Gasse“ reiten erzieht das junge Pferd dazu, pfeilgerade auf eine bestimmte Stelle zu gehen und später „auf Punkt“ genau zu springen.

der inneren Hand bis zu zwei Handspannen erfordern. Nach einigen gelungenen Versuchen, die sofort mit der Stimme gelobt werden, kommt man schon mit nur zehn Zentimetern aus.

Der Vorteil dieser Maßnahme beruht auf der still und ruhig stehenden äußeren, aufgesetzten Hand, die logischerweise den Hals stabilisiert. Die Fähigkeit meines jungen Pferdes, sich zwischen den Reiterschenkeln genau führen zu lassen (bei einem Minimum an Zügelhilfe), bringe ich ihm schon sehr bald bei, indem ich aus Cavaletti oder den kleinen Staccionatas eine Gasse aufstelle, die ich anfangs etwa einen Meter breit stelle, und die ich später bis zu 50 oder 40 Zentimetern Breite reduziere. Die Pferde spuren da pfeilgerade durch und lernen auf einfachste Weise »zwischen den Beinen« zu gehen, was ich später in der Springschulung so dringend nötig habe.

Dieses genau »auf Punkt« Spuren ist für die zukünftige Springarbeit ungeheuer wichtig. Nichts ist so unangenehm, wie ein Springpferd, das zwischen den Beinen hin und her schwimmt. Dies ist für mich (neben der Handlichkeit und der Platzersparnis) der Hauptgrund, warum ich in der Spring-Grund-Schule gern zwei Meter lange Hindernisse mit guten Fängen benütze.

Wenn mein Pferd dann dieser Grundschule entwachsen ist, kann ich es auf jedes Hindernis so exakt anreiten (links, Mitte oder rechts), wie ich will, weil das schon in der »Kinderstube« erlernt worden ist. Die Pferde begreifen das, wie alles, was man zielbewußt und konsequent tut, außerordentlich schnell. Man wird überrascht sein, daß das Pferd in kurzer Zeit schon auf richtige Gewichtsverteilung, bei gut plazierten Reiterschenkeln bereits auf die äußere, drückende Hand reagiert und die öffnende, innere Hand nur noch die Größe der Wendung zu bestimmen hat. Beide Hände halten natürlich mit dem Pferdemaul Kontakt, um den Ring der vollständigen Hilfengebung zu schließen.

Diesen Ring der Hilfengebung muß man sich so vorstellen: Aus dem Sattel durch Gewichtsverteilung und durch die treibenden, einschließenden Reiterschenkel läuft die kraftvolle Bewegung von den Hinterbeinen über den Rückenbogen und Halsbogen nach vorn zum Maul ans Gebiß, wo der Schwung von den Händen durch die Zügel aufgenommen und entsprechend dosiert wird, was Takt, Tempo und allgemeinen Rhythmus betrifft, beziehungsweise bei Wendungen in die neue Richtung hinein eingeleitet wird, unter Vermeidung jeder Rückwärtswirkung der Zügel.

Nun dürfte mein junges Pferd soweit sein, daß ich in allen Gangarten bereits ein willig vorwärtsgehendes Pferd habe, das sich im Takt regulieren läßt und meinen wendenden Hilfen folgt.

PARADEN

Paraden nennt man bekanntlich alle Einwirkungen, die das Pferd veranlassen, sein Gangmaß zu verkürzen, in eine niedere Gangart überzugehen oder zum Halten zu kommen.

Erneut stehen wir, wenn wir alles sinngemäß bis hierher getan haben, vor der logischen Folgeerscheinung, daß das Pferd auch das sehr schnell begreift, weil das Regulieren des Taktes und des Tempos ja schon unzählige kleine und kleinste regulierende Paraden und »Parädchen« erfordert hat, die dem Pferd schon bekannt sind.

Um nun Paraden eindeutiger und korrekter zu erarbeiten, baue ich lediglich sinngemäß weiter darauf auf. Zunächst nehme ich dazu wieder die schreitende Gangart Schritt. Ich nehme mein

Pferd deutlich zwischen die Beine und treibe es taktmäßig ans Gebiß, setze eine Hand am Hals deutlich auf und wirke mit der anderen mit steigendem Druck rückwärts, bis das Pferd steht. Nun gebe ich sekundenschnell nach und lobe. Nach wenigen Übungen hat das Pferd begriffen und kommt zum Halt, sobald ich den annehmenden Druck im Maul bei gleichzeitigem Schließen der Beine und leichtem Aufrichten im Sattel ansetze. Mehrmals wiederholt, jedesmal gelobt. Absitzen, Schluß für heute und zum Stall.

Wir wissen ja: Grundsatz für jede neue Übung ist es, nach gutem Gelingen aufhören, damit das Neuerlernte sich bis zum nächsten Tag einprägt.

Am nächsten Tag Wiederholung im Schritt und dasselbe aus einem ruhigen, geregelten Trab in den Schritt und von dort zum Halt. Je nach Verständnis des Pferdes steigert man dann, bis man alle Arten von Paraden durchgespielt hat. Sobald man zerren und wuchten muß, ist es falsch. Man ist dann zu schnell vorgegangen.

Auch die Stimme sollte bei jeder Ausbildung mit im Spiel sein. Da Pferde ausgezeichnete Ohren haben, kann man so leise dabei sein, daß ein Mensch in fünf Metern Entfernung nichts mehr davon hört.

Zu dieser Zeit wird sich schon deutlich ein Partnerschaftsverhältnis zwischen Pferd und Reiter entwickeln, das sich dadurch abzeichnet, daß schon das geringste Maß an Gewichtseinwirkung oder Schenkeldruck mit einem Minimum an Handeinwirkung vom Pferd verstanden wird.

Was wir uns bis hierher mit aufmerksamer Beobachtung bei überlegter Ausnutzung der Fähigkeiten unseres Pferdes erarbeitet haben, ist uns auf dem Wege der natürlichen Ausbildung erwachsen. »Natürlich« deshalb, weil unser Aufbauplan auf die physischen und psychischen Fähigkeiten unseres Pferdes gestützt war. Wir haben uns gehütet, aus dem Pferd ein Wunschbild »herausarbeiten« zu wollen, sondern haben uns bemüht, den strengsten Maßstab an unsere Selbstdisziplin zu legen und uns dem Pferd anzupassen. Dabei ist das Pferd mit seiner physischen und psychischen Fähigkeit uns entgegengekommen, und die Grundlage für die weitere Ausbildung ist geschaffen.

WENDUNGEN AUS DEM HALTEN

1. Vorhandswendung

Dies ist eine lösende Übung. Das Pferd tritt mit den Hinterbeinen im Halbkreisbogen um die Vorderbeine herum. Ruhig zu stehen hat das Pferd ja nun schon lange erlernt. Außer mit dem etwas zurückgenommenen äußeren Unterschenkel belehre ich mein Pferd anfangs mit der Gerte, diese Wendung auszuführen. Nach einigen Wiederholungen erkennt mein Pferd durch ein leichtes Annehmen des inneren Zügels, meine Schenkellage und mein mehr auf die Innenseite eingesetztes Gewicht, was es tun soll, und wird Schritt um Schritt die Wendung ausführen. Hauptsache ist es, die Aufmerksamkeit des Pferdes wachzuhalten, und es nicht mit groben Einwirkungen zu überfallen, dann ist auch diese Aufgabe ohne Schwierigkeit zu lösen. Die Vorhandswendung ist eine gute Vorbereitung für das Rückwärtsrichten, was manche Pferde ungern erlernen. Wenn man diese Pferde aus der Vorhandswendung heraus dazu bewegen kann, einige Tritte rückwärts zu machen, erlernen sie das Rückwärtsrichten leichter.

2. Hinterhandswendung

Diese Wendung ist eine versammelte Übung. In den Dressurprüfungen wird sie in der Klasse A noch nicht verlangt, und ich sollte sie deshalb in diesem Buch eigentlich nicht erwähnen, weil das Ausbildungsziel der »ersten Schritte meines Pferdes« mit den Anforderungen der Klasse A in Dressur wie im Springen erreicht ist. Nach der in diesem Buch beschriebenen Art, mit jungen Pferden gemeinsam zu arbeiten, ist aber diese Übung schon latent im Pferd. Ich habe nie Schwierigkeiten gehabt, dem jungen Pferd diese Wendung klarzumachen. Ich setze mich aufrecht hin und verhalte mich mit Gewicht und Beinen so, als wollte ich mich selbst in die Richtung wenden. Da das Pferd den äußeren, am Hals anliegenden Zügel und den inneren, öffnenden Zügel schon kennt, weil ich ja bei den Wendungen im Gange im leichten Sitz die äußere Faust am Hals drükkend und die innere Hand öffnend angewendet habe, ist die Wendung auf einmal da. Recht oder schlecht zum erstenmal, aber sie ist da und ich brauche sie nur mit belehrenden Wiederholungen auszufeilen.

SCHENKELWEICHEN

Auch diese Übung, die in einer Dressurprüfung der Klasse A als »Viereck verkleinern und vergrößern« verlangt wird, ist bereits latent vorhanden, weil mein Pferd von Anbeginn an gelernt hat, zwischen meinen Schenkeln zu gehen, und weil ich den Schenkel meinem Pferd in der Periode des Geraderichtens schon deutlich zum Erkennen gebracht habe. Einige wiederholte Versuche, dem Pferd die verlangte »Vorwärts-Seitwärts«-Bewegung verständlich zu machen, bringen keine Schwierigkeiten mit sich.

Da mein Pferd in dieser Grundschulzeit von mir erzogen und belehrt worden ist, und da ich mir Mühe gegeben habe, abzufühlen, wann es mich verstanden hat, läuft auch alles ohne Widersetzlichkeit ab. — Ich hoffe, daß der Leser dieser Zeilen herausgefunden hat, was die Quintessenz der natürlichen Ausbildungsmethode darstellt: Selbstdisziplin, Beobachtung, Gefühl für Bewegungsabläufe und Dienstbarmachen der Pferdepsyche durch überlegte Ausnützung der Mentalität des betreffenden Pferdes. —

Weil zuviele Faktoren mitsprechen, ist es immer gefährlich, Zeiträume anzugeben, in denen man dies oder das voraussichtlich erreichen kann.

Im Durchschnitt aber kann ich sagen, daß nach etwa einem halben Jahr gewissenhafter, konsequenter Schulung im leichten Sitz das junge Pferd so gekräftigt und willig ist, daß ich mich mit langen Bügeln in die senkrechte Dressurhaltung setzen kann, ohne dem jungen Rücken zu schaden. Auch das ist Erfahrungs- und Gefühlssache. Sobald ich beim Anwenden meiner das Pferd stets

einrahmenden Schenkel das Gefühl habe, daß mein Pferd mir den Sattel beim Einsitzen anbietet und nicht wegzieht, wobei es sich anfühlt, als ob das Pferd einem zwischen den Beinen dicker wird und bei all dem willig und fleißig vorwärts geht, — dann ist dieser Augenblick gekommen.

Auch zu dieser Zeit wäre es sinnwidrig, nun in stundenlangen, schweißtreibenden Lektionen die

Dressuraufgabe zu üben, die ich reiten will. Denn wenn mein Pferd nicht in dem halben Jahr, das nun etwa verstrichen ist, selbstverständlicherweise nicht wenigstens »befriedigend« geht, war mein Einwirken falsch, und ich muß wissen, daß ich diesen Fehler nicht mit krampfhafter Betriebsamkeit beseitigen kann. –

Im Laufe dieses (etwa) halben Jahres habe ich aber mein Pferd auch noch mit anderen Aufgaben vertraut gemacht, die ich nur deshalb jetzt erst erwähne, weil ich keine Begriffsverwirrungen heraufbeschwören will. Durchwachsen mit diesen rein reiterlichen Lektionen waren nämlich aufbauende gymnastische Übungen für die Springausbildung, wie ich sie auf den folgenden Seiten beschreiben werde.

Um mein Pferd von Anbeginn an an eine konstante, ruhige und stabilisierende Kopf- und Halshaltung zu gewöhnen (ich betone gewöhnen! *nicht* einspannen und zwingen!) benütze ich ein *richtig* gestaltetes Martingal, wie ich es in dem Buch »Erfolg mit Longe, Hilfszügel und Gebiß« eindeutig beschrieben habe. Dort ist alles genau geschildert. Hier will ich nur kurz meine Begründungen gegen die unverständliche Diffamierung des Martingals einschalten.

Ein richtig konstruiertes Martingal ist ein Pferdeschoner und kein Pferdequäler, weil es, solange das Pferd mit normaler Haltung geht, überhaupt nicht zur Wirkung kommt. Sobald aber aus irgendwelchen Gründen, von denen es zahlreiche geben kann, der Pferdekopf derart ansteigt, daß jede Zügeleinwirkung in rein geometrischer Folgerichtigkeit nicht mehr auf Unterkiefer und Zunge wirken kann, sondern in Richtung Maulspalte und Backzähne wirken *muß, — dann erst* leitet das Martingal diese quälende, fatale und sinnlose Zügeleinwirkung wieder gnädig auf Unterkiefer und Zunge um, wo das Pferd seine Verständigung mit der Reiterhand wieder herstellen kann. Die Verständigung bleibt ungetrübt; Mißverständnisse tauchen gar nicht erst auf. Das ist der Grund, warum ich stets für ein *richtiges* Martingal plädiert habe. Ich sage es schonungslos rund heraus, daß derjenige, der glaubt, ein Martingal sei dazu da, den Pferdekopf mit Gewalt »runterzubekommen«, ein Opfer albernen Geschwätzes geworden ist, das wie Unkraut an manchen Stellen der Reiterwelt wächst und nur deshalb überhand nimmt, weil es ohne nachzudenken weitergereicht wird.

Aus ähnlichen Gründen benütze ich keine Hannoversche Reithalfter. Sie liegt zu tief, behindert die Atmung und wird von den meisten Dompteuren so eng geschnallt, daß das Pferd sich nicht abkauen kann. In einer Prüfung eine Hannover-

GUT: Pferd „zwischen den Beinen des Reiters“. Hände am Hals stabilisieren die Richtung. Gebiß wirkt auf Unterkiefer und Zunge.

SCHLECHT: Pferd nicht „zwischen den Beinen“. Reiter aufgerichtet sitzt „hinten drin“ und drückt Pferderücken weg. Hohe Hände kutschieren an einem aufgerichteten, wackligen Hals herum. Gebiß wirkt auf Maulspalte und Backzähne.

sche Reithalfter zu verlangen, heißt brutaler Zügelführung Vorschub leisten! Die Englische Reithalfter, wie sie in Kandarenzäumen üblich ist, ist auch für Trensenzäumung die ideale Halfter. Auch hier handelt es sich wieder nur um gedankenloses Weiterreichen antiquierter Vorstellungen.

Man soll sich nie dem Gedanken hingeben, daß eine Unklugheit, wenn sie von möglichst vielen tausendfach wiederholt wird, zur Klugheit wird. Intelligenz beobachtet und denkt selber nach.

Einstmals waren die Schausteller von Raubtiergruppen Dompteure, heute haben sie sich zu Tierlehrern gewandelt, seitdem Tierpsychologie ein Begriff geworden ist.

FREISPRINGEN

Wo eine Reithalle zur Verfügung steht, ist das Freispringen eine willkommene Schulung. Wie überall in der Reitausbildung kommt es auch hier ganz besonders darauf an, wie man es macht. Man kann seine Pferde damit enorm fördern und ihr Talent zum Springen gut beobachten, und man kann sie dabei gründlich verderben und ihnen somit die letzte Willigkeit zum Springen nehmen. Wenn man es als sogenanntes »Springen an der Hand« betreibt, wobei ein Mann mit einem Pferd »an der Hand« gegen das Hindernis anrennt, es dann losläßt, während ein anderer es mit der langen Peitsche drüberprügelt und ein Dritter es dahinter abfängt, dann ist es eine tierpsychologische Blödsinnigkeit, weil das Tier alles das lernt, was es um Himmelswillen nicht lernen soll. Es wird nämlich aufgeregt und nervös, kommt zu keinem rhythmischen Bewegungsablauf und wird nach dem entsetzlichen Sprung auch noch abgebremst und gestaucht. Mit rhythmischer Springausbildung hat das genauso viel Ähnlichkeit, wie Sägen mit Geigespielen.

Wenn man sein junges Pferd so grundgeschult hat, wie es in diesem Buch geschildert ist, wird es durch die lange Peitsche lediglich dirigiert, die ganze Bahn auszulaufen.

Eines Tages steht an der langen Wand ein niedriges, 60 bis 80 Zentimeter hohes Hindernis, *mit guten Fängen* versehen, und das Pferd wird ohne besondere Schwierigkeiten darüber gehen *und* anschließend seine ruhige Galoppade fortsetzen. Nun lernt es das, was es lernen soll: taktmäßig-rhythmisch rund zu galoppieren und den Sprung als Selbstverständlichkeit dabei mitzunehmen.

Über der gesamten Arbeit herrscht wie immer Ruhe bei flotter Lebendigkeit. Gebrüll und Peitschenknallen kennzeichnen hier, wie immer, Stümperhaftigkeit des Ausbilders.

Unter Beachtung aller bisher geschilderten Gedankengänge habe ich auch beim Freispringen nie Schwierigkeiten gehabt. Den Pferden den Spaß an der Sache zu erhalten, ist das »Zaubermittel«. Später erhöhe ich die Hindernisse je nach Fähigkeit des Pferdes, stelle mehrere Hindernisse und Doppelsprünge auf und habe fast bei allen Pferden erlebt, daß sie aus Vergnügen von selbst losgehen und oft schwer vom Weiterspringen abzuhalten sind.

Auf den Zuruf »Keeehrt« mit Einweisung der langen Peitsche zum Handwechsel, machen sie auf der anderen Hand lustig weiter, bis ich ihnen »Haaalt« zurufe, worauf sie dann auf die »Zukkertüte« oder den Möhrenkorb zu mir kommen und zum Stall geführt werden. Von Aufregung, Schwitzen oder Verrücktspielen keine Spur. Tritt dergleichen ein, weiß ich sofort, daß ich irgend etwas falsch gemacht habe. Vielleicht habe ich das betreffende Pferd schon für reifer gehalten, als es zur Zeit ist. Oder habe ich ein Hindernis für dieses bestimmte Pferd doch schon zu hoch gestellt? In solchen Augenblicken werde ich nachdenklich und — korrigiere *mich*, um die Verständigungsbasis wieder herzustellen, weil ich mir zukünftigen Erfolg nicht verbauen will.

Bleibt noch zu sagen, daß ich meine Pferde nur mit Stallhalfter »bekleidet« freispringen lasse, und sollte die Stallhalfter sehr weit sein und vor die Augen schlappern, ziehe ich auch die Halfter ab, um jedwede Beeinträchtigung zu vermeiden.

Ganz selbstverständlich ist jedes »Ausbinden« über Hindernisse oder Cavaletti sinnloser Unfug.

Beim Freispringen erkenne ich am besten die Vorzüge und Mängel eines Pferdes aus dem gesamten Bewegungsablauf und kann dann bei der Arbeit unter dem Sattel meine Maßnahmen darauf abstimmen.

Hat man ein »Couloir«, das ist ein links und rechts eingezäumtes Oval, in das man beliebig Hindernisteile einschieben kann, kann man das Freispringen auch im Freien durchführen.

Zu dem Zeitpunkt, an dem mein Pferd im leichten Sitz geritten zwischen meinen Schenkeln und Zügeln geradeaus willig vorwärtsgeht, benütze ich bereits Cavaletti.

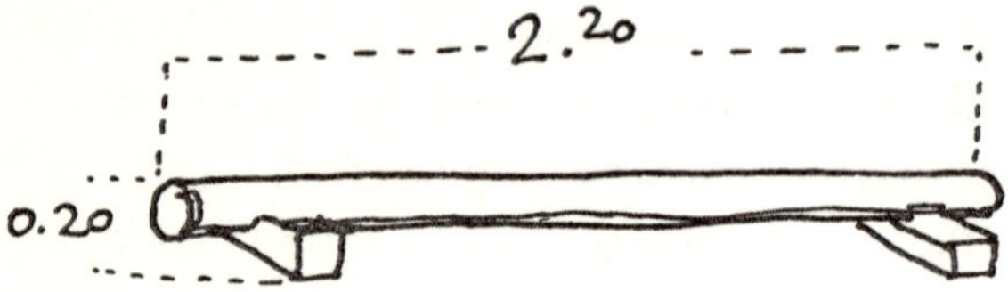

CAVALETTI

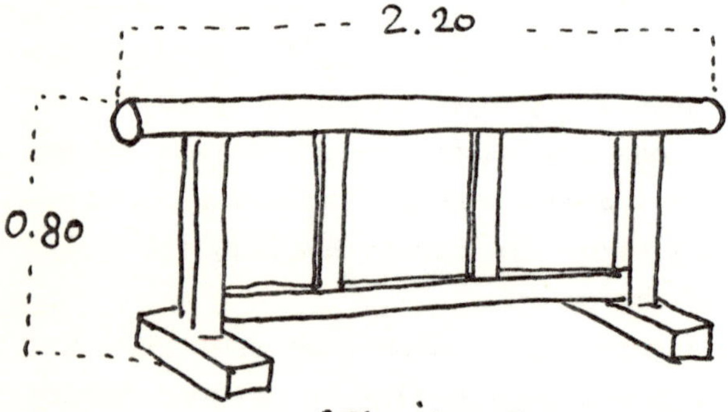

STACCIONATA

Ich benütze dazu ganz einfache, sehr billig herzustellende, die dem Zweck durchaus genügen. Diese sind (siehe Abbildung) etwa 2,20 Meter lang und nicht über 0,20 Meter hoch. Ich benütze sie nur in dieser Länge, weil ich mein Pferd von Anbeginn an dazu schulen will, auf den von mir angesteuerten Punkt, ohne hin und her zu schwimmen, überzutreten (was gar keine Schwierigkeiten macht, wenn ich bisher richtig geritten bin), weil ich in einer üblichen 20 x 40 Meter Reithalle Platz spare und weil ich sie mit einer Hand, ohne Hilfe zu benötigen, herumtragen kann.

Zuerst lege ich eines davon und in der Folge 2, 3, 4 und 5 im Abstand von 1,40 Meter bis 1,50 Meter aus. Bereits am zweiten Übungstag haben bisher alle meine Pferde begriffen, wie das gemacht wird.

Das bedeutsame Ziel der Cavaletti-Arbeit ist die Ausbildung des Pferderückens! Es ist sinnwidrig, damit das Anheben der Beine erreichen zu wollen, weil das Pferd bei höheren Cavaletti (von etwa 0,30 bis 0,40 Meter) beim Beine-anheben den Rücken festhalten würde; und gerade das will ich vermeiden. Ich verfolge ein ganz anderes Ziel: Das Pferd soll lernen, genau auf Mitte zu halten, geräumige, flache Tritte aus schwingendem Rücken zu machen, die ich im weiteren Verlauf der Geschicklichkeit meines Pferdes mehr

und mehr erweitere, indem ich den Abstand auf 1,60 Meter, 1,70 Meter und je nach Pferd sogar auf mehr vergrößere.

Zur allgemeinen Verbesserung der Rückentätigkeit, der Trittsicherheit und der Genauigkeit und Wendigkeit lege ich die Cavaletti später im Zirkelbogen oder, wenn ich mehr als fünf Stück zur Verfügung habe, im Schlangenbogen, wie er sich etwa bei »aus dem Zirkel wechseln« ergibt.

Es dürfte nach allem bisher Geschriebenen eindeutig klar sein, daß jede Rückenbehinderung oder Behinderung der Dehnungshaltung (Streckung von Pferdehals- und Kopf nach vorwärtsabwärts) jede Cavalettiarbeit zur Sinnlosigkeit machen würde. Daher ist es auch verfehlt, mit langem Bügel im Dressursitz über Cavaletti zu reiten oder mit ausgebundenem Pferd darüber zu longieren. Beides hindert die Rückenausbildung, anstatt sie zu fördern.

Wenn mein Pferd taktmäßig durchschwingend, *deutlich zwischen meinen Beinen geradegehalten* und völlig im Gleichgewicht geritten auch ohne Zügel über Cavaletti zu traben gelernt hat, ist das Ziel der Cavaletti-Arbeit erreicht.

Den Ausdruck »sein Pferd zwischen den Beinen zu haben«, den alle meine Schüler gut kennen, will ich hier mit einem Vergleich erläutern: Ein Skiläufer kann nicht bei einer Abfahrt wenden, wenn er nur den Oberkörper in die neue Richtung bringt. Er muß unbedingt seine Knie, Beine, Füße, Bretter in die neue Richtung hineinbringen. Ähnlich (ich weiß, jeder Vergelich hinkt irgendwo) kann man kein Pferd sauber in die Wendung mit den Zügeln allein bringen; im Gegenteil, mit je weniger Zügeln und je mehr »zwischen den Beinen« desto besser gelingt eine Wendung.

Ist das Pferd nun mit der Cavaletti-Arbeit vertraut, bedeutet das nicht, diese Arbeit zu unterlassen; man wird immer wieder dann und wann zur Auffrischung auch mit gut durchgebildeten Pferden darauf zurückgreifen.

Wenn die Geschicklichkeit des Pferdes gut fortgeschritten ist, stelle ich fünf Schritt hinter den Cavaletti einen kleinen Sprung von etwa 50 Zentimeter, und wenn das mehrmals gut gegangen ist, eine kleine 80 Zentimeter hohe Staccionata auf (von denen ich immer vier Stück zur Verfügung habe, mit denen ich später, wie wir sehen werden, die Grundschule über Hindernisse aufbaue) und lasse mein Pferd nach dem Übertraben der Cavaletti diesen kleinen Sprung machen. Die Pferde lernen dabei, aus disziplinierter Ruhe heraus abzudrücken und zu »basculieren«. Unter »bascule« versteht man in der Springreitersprache das Überwinden eines Hindernisses mit richtig angewendetem Rücken- und Halsbogen. Die Abbildung erläutert das. Ein Pferd, das sich mit erhobenem Kopf und hohlem Rücken einfach über ein Hindernis wirft, zeigt keine »bascule«.

Wie immer, beende ich nach dem ersten guten Gelingen die neue Lektion mit entsprechender Belobigung. Der Erfolg dieser Maßnahme macht sich vielfach bezahlt. Am kommenden Tag wie-

derhole ich die Übung mehrfach, um die reine »Technik« der Bewegung zu festigen.

Jetzt habe ich schon eine gesunde Basis für alle weitere Ausbildung im Springen.

Weil ganz besonders in der Springausbildung (siehe »bascule«) ein untadeliger, korrekter, wirkungsvoller leichter Sitz unerläßlich ist, wenn man kultiviert über Sprünge reiten will — und das sollte man wollen, wenn man das Springreiten nicht zum Viehtreiben über Hindernisse degradieren will —, mache ich in dem folgenden Kapitel den interessierten Leser mit der »Geometrie« des »Leichten Sitzes« bekannt, der fast überall noch ein Pseudo-Dasein führt.

DIE »GEOMETRIE« UND »ANATOMIE« des »LEICHTEN SITZES«

Ausgangspunkt: Die Steigbügel sind gegenüber dem gestreckten Dressursitz etwa 4 bis 5 Loch kürzer geschnallt (das sind etwa 12 bis 15 Zentimeter Unterschied); das hängt von der Größe des Reiters ab. Die angegebene Lochzahl gilt für reiterliche Durchschnittsgröße von 1,70 Meter bis etwa 1,75 Meter. Größere Reiter brauchen oft 5 bis 6 Loch kürzer, und kleinere oder Kinder manchmal nur 3 Loch.

1–2 Loch, wie man oft sagt, ermöglichen keine Ausgewogenheit im Gleichgewicht, wie wir gleich anhand der Skizzen sehen werden.

1. Wenn der Reiter sich zum ersten Male die Bügel in dieser Weise verschnallt, erscheint ihm das viel zu kurz, weil er im Sattel *sitzend* das Knie relativ hoch bekommt. Dort aber, wo das Knie im Sitzen zu liegen kommt, bleibt es beim Antraben oder Galoppieren nicht. Das Knie zieht sich um einige Zentimeter zurück, wo es sich der Fallinie des Bügelriemens nähert und nun in die Lotrechte zum Bügeltritt gelangt. Mit dem Knie zieht auch die Hüfte des Reiter flach nach hinten in Richtung Sattelkranz. Die Schultern des Reiters begeben sich nun über die Position des Knies,

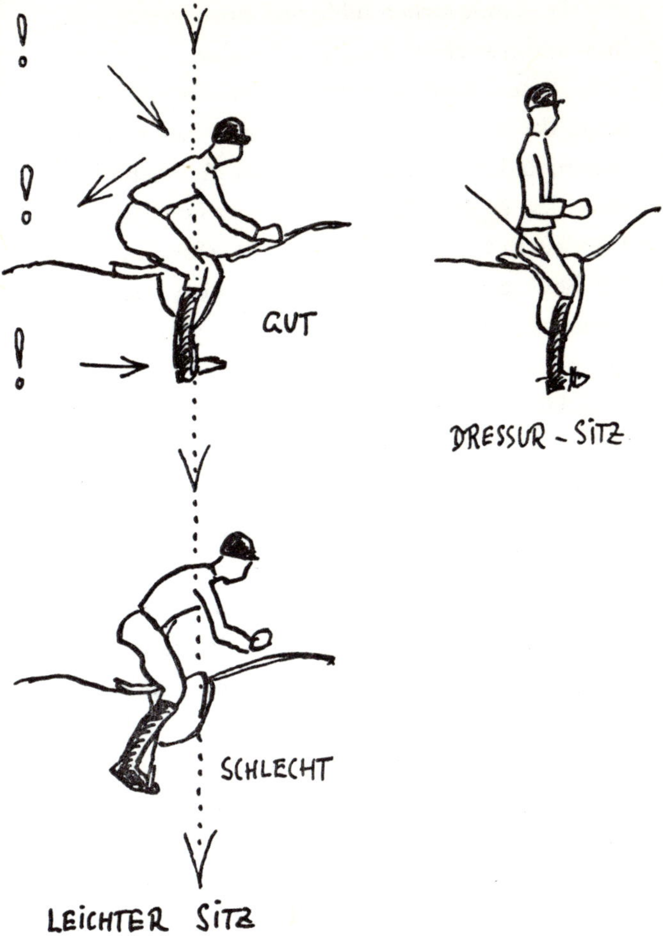
GUT
DRESSUR - SITZ
SCHLECHT
LEICHTER SITZ

und die Hände stehen ruhig und sicher rechts und links aufgesetzt am Hals des Pferdes.

In dieser »Leichten-Sitz-Position« ist der Reiter exakt im Schwerpunkt. Er kann das ausprobieren, indem er die Hände und Arme probeweise locker seitwärts hält und nun mit leichtem Wippen im Knie den Schwerpunkt erforscht. Von der Seite gesehen haben wir nun eine lotrechte Linie, die durch Schulter/Knie/Bügeltritt hindurchgeht.

2. Für den Reiter im gestreckten Dressursitz ist das Fundament der tiefe Sitz im Sattel. Für den Reiter im leichten Sitz muß ein neues Fundament geschaffen werden, und dieses Fundament ist nun Knie/Wade/Fuß. Ein Fundament muß logischerweise stabil sein, deshalb wird der Fuß durch den Bügel durchgeschoben. Wäre er, wie im gestreckten Dressursitz, mit dem Fußballen am Bügeltritt, würde das Fundament labil. Ein labiles Fundament ist aber keines mehr. Deshalb fühlt der Reiter im korrekten leichten Sitz den Bügeltritt unter der Fußwölbung, wobei er durch die lotrechte Verankerung von Knie/Wade/Fuß das Fundament erhält, aus dem heraus er treibend, neutral oder verhaltend einwirken kann.

3. Der »leichte Sitz«, in Englisch sprechenden Ländern auch the forward seat genannt, hat aber – und das ist von eminenter Bedeutung –, den

Kernpunkt seiner Wirksamkeit nur im »Vorwärts-Impuls«. Das heißt, daß der Reiter unbedingt lernen muß, die vorantreibenden Impulse aus seiner Körperhaltung durch das gesicherte Fundament (Knie/Wade/Fuß) wirksam zu machen. Mit Bügel-kurz-schnallen und vornüberhängen ist das nie und nimmer zu erreichen. Dort liegt das generelle Mißverständnis. Der Vorwärts-Impuls muß durch das Eingehen in den sich verändernden Schwerpunkt im Ablauf der Galopp- und Sprungbewegung durch das Fundament entwickelt werden.

Jeder Vergleich hinkt bekanntlich, aber am nächsten kommt der Vergleich mit einer Schaukel, die ich im Eingehen der Schwungbewegung immer gewaltiger zum Schwingen bringen oder abbremsen kann, je nachdem, wie ich mich verhalte. Der Steeplechase-Rennreiter tut ja das Gleiche. Wenn er aus seinem Rennsitz nicht treiben könnte, könnte er nie gewinnen.

4. Das alles ist durch ein Kürzen des Bügels um 1 bis 2 Loch deshalb nicht zu erreichen, weil das Pferd einwandfrei zwischen den Beinen des Reiters gehen muß. Mache ich die Bügel länger, komme ich nur ans Pferd, wenn ich die Knie aufmache, weil der Rumpf des Pferdes ja tonnenförmig ist. Wenn ich aber das Knie aufmache, ist das Fundament zerstört.

Nur aus einem tadellosen, unverrückbarem Knie/Wade/Fuß-Fundament wird der leichte Sitz wirksam. Von dieser Basis aus kann sich der Oberkörper mit angezogenem Kreuz jeder Situation entsprechend richtig verhalten.

Sobald der Fuß mit dem Bügel nach hinten-oben verrutscht, ist der Reiter vornüber und einwirkungslos.

5. Die Hände stehen fühlig am Hals und halten ihn gerade. In der Wendung begrenzt die

äußere Hand mit Faust am Hals angedrückt die Wendung, während die innere Hand die Wendung seitlich öffnet, ohne rückwärts zu ziehen.

Jedes Sich-Aufrichten mit hochgeführten Händen macht den Pferden die Hälse locker. Damit wird dann ein hin und her Schwimmen erzeugt, was keine präzise Linie oder Wendung gestattet.

6. Bei peinlich genauer Beachtung dieser »Geometrie« des leichten Sitzes werden die Pferde willig, gehorsam und wendig. Sie lassen sich prompt vorwärtstreiben oder abfangen. Das alles ist Sache korrekter Schulung, die sich lohnt.

FORTSCHREITENDE SPRINGAUSBILDUNG

Sobald mein Pferd einwandfrei über Cavaletti zu arbeiten versteht, setze ich unter Weglassung der Cavaletti zwei von meinen Staccionatas im Abstand von 7,50 Meter an die Wand der Reitbahn und stelle an der Innenseite gute Fänge.

Mein Pferd kennt diese Hindernisse bereits und soll jetzt lernen, aus einem ruhigen, rhythmischen Galopp hinüberzukommen. Ich beginne

Ein Sprung ist keineswegs ein großer Galoppsprung, denn das Pferd muß zum Abdrücken seine Beine neu arrangieren. Es muß dazu beide Hinterbeine zum gleichzeitigen Abdruck nebeneinander setzen. Diese Absprungsphase muß das Pferd erst lernen.

gern mit der 7,50-Meter-Distanz, weil ich die Erfahrung gemacht habe, daß sich die Pferde damit besser einteilen und abfinden als mit 10,50 Meter. Ich kann mich nicht erinnern, daß eines meiner Pferde jemals Schwierigkeiten dabei gehabt hat. Grundsatz: Rhythmus ist alles! Sobald mein Pferd unreguliert galoppiert, ist alles in Frage gestellt. Das heißt, gut reiten ist Ausgangspunkt für künftiges gutes Springen.

Am folgenden Tage lasse ich mein Pferd über einen Doppelsprung in 10,50 Meter Abstand seine Erfahrungen sammeln. Wenn alles zur Zufriedenheit gelaufen ist, stelle ich ein »Doppel« aus meinen kleinen Staccionatas auf nur vier Meter. Das ist jetzt ein »in and out«, ohne Galoppsprung dazwischen. Diese Entfernung wird oft für schrecklich schwer gehalten. Sie ist es keineswegs, wenn man es bis hierher richtig gemacht hat. Natürlich wird ein »in and out« zur Katastrophe, wenn man mit einem dazu unvorbereiteten Pferd im unregulierten Galopp im Schmetterlingsstil dagegenrauscht, und ich glaube, daß meine Leser meine Ansicht teilen, wenn ich sage, daß solche Leute, die mit herumfuhrwerkenden hohen Händen und ungeschultem Sitz ihr Pferd im Maul und im Rücken zerstören, das Reiten besser lassen sollten.

Nach einigen Wochen gymnastischer Schulung,

die ohne den geringsten Zwang vonstatten geht, sind bisher alle meine Pferde und meine Schüler mit ihren so geschulten Pferden rhythmisch über drei- und vierfache »in and outs« von je 0,80 Meter Höhe mit vier Meter Abstand sogar mit hingelegten Zügeln gegangen.

Jetzt habe ich Pferde, die reguliert gehen (also ohne zu eilen oder sich zu verhalten rhythmisch arbeiten), ihren Rücken beherrschen und sich mit Hals und Kopf unter meinem ausbalancierten Gewicht aus jeder Lage herausfinden, weil ich an ihr Verständnis appelliert habe und weil sie gelernt haben, unter meiner Anweisung weitgehend selbständig mitzuarbeiten. Der erste und entscheidende Schritt zur Partnerschaft ist getan.

Selbständigmachen des Pferdes über kleine Sprünge und gleichzeitig hervorragend gute Übung für ein unverrückbares Fundament im Gleichgewicht.

Weil dieses Buch über die ersten Schritte meines Pferdes dort enden soll, wo ich es verantworten kann, mein junges Pferd zum ersten Male auf einem Turnier in einer A-Dressur oder in einem A-Springen zu starten, bleiben mir noch einige Hinweise für die Vorbereitung auf einen A-Parcours.

Selbst wenn bis hierher in der springgymnastischen Grundschule alles gut gegangen ist, muß man weiterhin sehr vorsichtig sein, um das Vertrauen seines jungen Pferdes nicht am Ende wieder zu verlieren.

Vorsorglich werde ich mein Pferd also mit allen nur möglichen zur Verfügung stehenden Arten von Hindernissen vertraut machen.

Dazu reite ich mein Pferd in der täglichen Arbeit viel auf dem Springplatz zwischen den Hindernissen herum, bevor ich daran denke, eines davon zu springen. Ich reite im Schritt an jedes Hindernis und warte, bis mein Pferd daran schnuppert oder daran leckt oder nagt, um auch die allergeringste Scheu vor diesen »eigenartigen Dingern« von vornherein auszuschalten. Das darf ruhig einige Tage dauern; das lohnt sich wieder sehr.

Dann nehme ich mir für jeden Tag ein neues anderes Hindernis vor, höchstens 0,60 bis 0,80 Meter hoch, und reite im Arbeitstrab mit deutlich anfordernden Schenkeln dagegen. Nach gelungenem Sprung gehe ich sofort zum Schritt über und belobige eindeutig. Nach etwa einer Minute Schritt mit hingegebenen Zügeln wiederhole ich den Sprung, anschließend wieder Belobungspause und etwa das gleiche Hindernis von der Gegenseite. Nach vier bis sechs Sprüngen beschließe ich die Lehrstunde.

So bringe ich mein Pferd täglich in Bekanntschaft mit einem neuen Hindernis, das Hindernis vom Vortag jedesmal wiederholend. Da ich mir Zeit nehme (in 14 Tagen kennt mein Pferd schon 14 Hindernisse), prägt sich beim Pferd alles gut ein, und in seinem Erinnerungsvermögen gibt es kein Durcheinander.

Je nach Fortschritt reite ich über zwei, drei, vier und mehr Hindernisse, und ehe ich es mich versehe, hat mein junges Pferd einen ganzen Parcours über diese sehr niedrigen Hindernisse absolviert.

Sobald mir im Lauf dieser Spring-Grundausbildung ein Fehler unterläuft, weil ich vielleicht den Zeitpunkt, diesen oder jenen Sprung zu machen, falsch eingeschätzt habe, so daß mir das junge Pferd plötzlich stehen bleibt und nicht abspringen will, setze ich den Sprung sofort niedriger oder lasse ein anderes, bereits geschultes Pferd voranspringen. Dieses Einspringen hinter einem guten Führpferd ist das allerbeste Mittel, schüchterne junge Pferd springfreudig und zutraulich zu machen.

Ich betone ausdrücklich, daß der führende Reiter und sein Pferd zuverlässig sein müssen, denn eine wild losstürmende Feuerbestie, die womöglich im letzten Augenblick selbst stehen bleibt, würde das Übel noch verschlimmern.

Das wirklich Dümmste, was man tun könnte, wäre, das noch unerfahrene Pferd zu prügeln und brutal zu behandeln, weil selbstverständlicherweise damit ein Abscheukomplex gegenüber allem, was Hindernis oder Springen heißt, herangezüchtet würde. Logisch, sollte man denken, aber was bekommt man da oft alles zu sehen.

Grundsatz: Nicht höher als 0,70 bis 0,80 Meter für diese ersten Lektionen im Parcoursspringen. Das Vertrauen muß unter allen Umständen erhalten bleiben, sonst gibt es Rückschläge, die sehr übel sind. Gut reiten! Kein Eilen, kein Zögern! Taktreine, rhythmische Galoppsprünge, sobald ich aus dem Galopp von Sprung zu Sprung einen Parcours reite.

Wenn ein Zuschauer sagt, das sähe ja wie Spielerei aus, das Pferd mache ja alles alleine, und der Reiter begleite ja nur sein Pferd — dann war dieser Parcours wirklich tadellos.

Für die Grundausbildung meines jungen Pferdes über Sprünge werde ich also wieder nach diesen Grundsätzen vorgehen: Vertrauensbildung, willige, flotte, rhythmische Bewegung, energische aber ruhige Einwirkung meinerseits, langsamer Aufbau, der sich dem Verständnis des Pferdes durch positive Erinnerung einprägt, und Erleichterung zum »Sehenlernen« (Taxieren) des Neulings bei Verwendung von Absprungserleichterungen, die ich später, wenn alles zur Zufriedenheit abläuft, weglasse. Ziemlich bald aber lehre ich mein junges Pferd, sich zu strecken. Wenn ich zum ersten Male einen Oxer vorn 0,70 Meter, hinten 0,80 Meter hoch und 1,00 Meter weit springen lasse, so baue ich diesen Oxer in den kommenden Tagen nicht höher, wohl aber immer weiter und bringe ihn alsbald mit zusätzlicher Vorlagestange auf 1,30 Meter weit. Damit bekomme ich ein frisch vorwärtsgehendes, sich streckendes Pferd. Alle treppenartig errichteten Sprünge eignen sich bestens zu diesem Zweck.

OXER

An die volle Höhe des A-Springens von 1,10 Meter arbeite ich mich sehr vorsichtig und langsam heran. Eines Tages geht es dann spielend und ohne Schwierigkeiten.

Niemals springe ich in dieser Ausbildungsperiode ein Hindernis ohne Fänge! Gelegenheit macht Diebe, und man soll sein Pferd niemals in Versuchung führen. Gerade in dieser Anfangsperiode will ich mein Pferd so selbständig wie möglich machen und meine Zügeleinwirkung auf das Nötigste zur Linienführung beschränken. Der unbedingt nötige Gehorsam erwächst aus der beschriebenen Grundlage, die mein Pferd jetzt hat und die sich eng verflochten hat mit Erziehung, Gewöhnung und gymnastischer Schulung. Schließlich mache ich es mir und meinem Pferd zum Grundsatz, daß ein Springplatz (ob Übungsplatz oder Turnierparcours) nur im Schritt mit langen Zügeln betreten und verlassen wird.

Das »gezügelte« Pferd wird schon beim Betreten des Platzes erregt, und das Pferd, das nach dem letzten Sprung zum Ausgang hinausgaloppieren darf, lernt sehr schnell, dort hinauszulaufen, wenn es gar nicht soll. Ungezogenheit am Eingang und Ausgang kommt nur daher, daß dem Pferd nicht von Kindheit an dieses Tabu gesetzt worden ist.

Sobald und so oft wie möglich mache ich mein junges Pferd mit vielgestaltigem Gelände vertraut. Dort lernt es durch die Verschiedenartigkeit des Bodens und durch bergauf und bergab eine natürliche Vertikalgymnastik kennen, die sein Gleichgewicht und seine Trittsicherheit in einer Weise fördert, wie es mit der Horizontalgymnastik auf dem Reitplatz oder in der Halle gar nicht möglich ist. Es lernt dabei die Umwelt kennen und entgeht der großen Gefahr, ein welt-

Stillstehen und warten lernen, bis das Tor geöffnet ist!

fremdes und (trotz bester Schulung) unnatürliches Geschöpf zu werden, das sich querfeldein benimmt wie ein jahrelang eingesperrter Strafgefangener, der dann in die Großstadt entlassen wird. Im unebenen Gelände und beim Klettern ist natürlich ein tadellos erlernter leichter Sitz, der sich mit der jeweiligen Schwerpunktsverlagerung unentwegt im Gleichgewicht zu halten versteht, von eminenter Bedeutung. Hier, wie natürlich über Sprünge, muß der Reiter sich mit der Dynamik ernstlich beschäftigen, um sich geschmeidig den Verhältnissen anpassen zu können.

Ein bocksteifes Geradesitzen mit langen Dressurbügeln würde hierbei die vollendete Karrikatur der Geländereiterei abgeben. Diese Zeiten sollten

Korrekte Haltung bergab in voller Bereitschaft für ein Abspringen vom Wall oder für einen kurz dahinter zu überwindenden Sprung.

seit der Jahrhundertwende, das heißt, genau terminiert, seit Federico Caprilli der Reiterei die klassische Gelände- und Springmethodik gegeben hat, nun nach etwa 75 Jahren, endgültig vorbei sein.

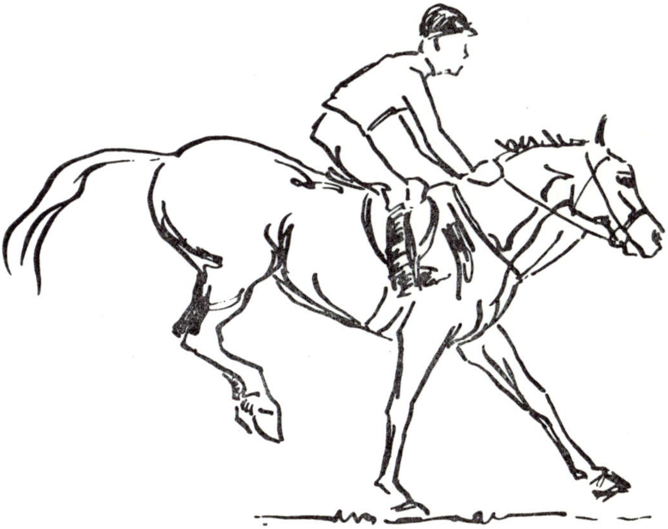

Korrekte Haltung bei der Landung nach einem Sprung in voller Bereitschaft für erneutes Abdrücken in einem Doppelsprung oder innerhalb eines „in and out".

EINE GYMNASTIK-STUNDE

Beispiel für den Aufbau einer Gymnastik-Stunde in der Springgrundschule, wie ich sie seit Jahren mit meinen Schülern durchführe. An der Bande habe ich mit Farbe die Entfernung markiert, um nicht immerzu messen zu müssen. Die Distanzen treffen den Durchschnitt der Pferde im flotten, rhythmischen Arbeitsgalopp. Man kann die Distanzen für bestimmte Pferde etwas erweitern, keinesfalls aber verkleinern, weil die Reiter dann den zügigen Galoppsprung künstlich kürzen müssen.

Die Pferde spielen darüber mit Leichtigkeit und machen sich elastisch und fit für spätere Aufgaben. Auch die älteren Turnierpferde frischen dabei ihre Rückenbeweglichkeit ohne Anstrengung neu auf, wie etwa ein Konzertpianist seine Fingergeläufigkeit durch Etuden und Läufe erhält.

Nach zweimal durchspringen wird die Hand gewechselt, und nach der Stunde ist kein Pferd aufgeregt oder naß, und die Beine sind nicht überanstrengt worden, weil kein Sprung über 0,80 Meter hoch ist. In den häufigen Pausen im Schritt mit hingegebenen Zügeln kommt zur Belohnung die »Zuckertüte«. Ich habe stets nur fröhliche Pferde und Reiter dabei gehabt.

Ich vertrete die Ansicht, daß man bei kluger, tierpsychologisch richtiger und körperlich geschmeidiger Ausbildung den Pferden die Springarbeit sogar lustbetont gestalten kann. Daß man durch unkluge oder unwissende Zwangsmethoden allen Pferden das Springen verekeln kann, ist selbstverständlich.

Aufstellung eines Hindernis-Satzes für eine Gymnastik-Stunde, wie ich sie für meine Pferde und Schüler seit Jahren verwende: 4 Staccionatas 0,80 m hoch, 2,20 m lang und 4 Fänge.
Die Sprünge sind von mir allein ohne Hilfe schnell zu versetzen, weil sie leicht transportabel sind und bringen durch ihre geringe Länge und ihre guten Fänge den Pferden und Reitern das Springen auf „Punkt" ohne besondere Zügeleinwirkung bei.
Es ist immer nur ein Pferd unterwegs; die anderen schauen zu. Jedes Pferd geht zwei Runden in peinlich überwachtem Rhythmus linke Hand, und nachdem alle durch sind, rechte Hand zunächst bei Aufstellung I und dann dasselbe mit Aufstellung II und III.
Grundsatz ist rhythmischer Vorwärts-Impuls, Ruhe (ohne Peitschenknall), unerschütterliches Fundament (Knie/Wade/Fuß) des Reiters, unabhängige, niemals störende Hände.

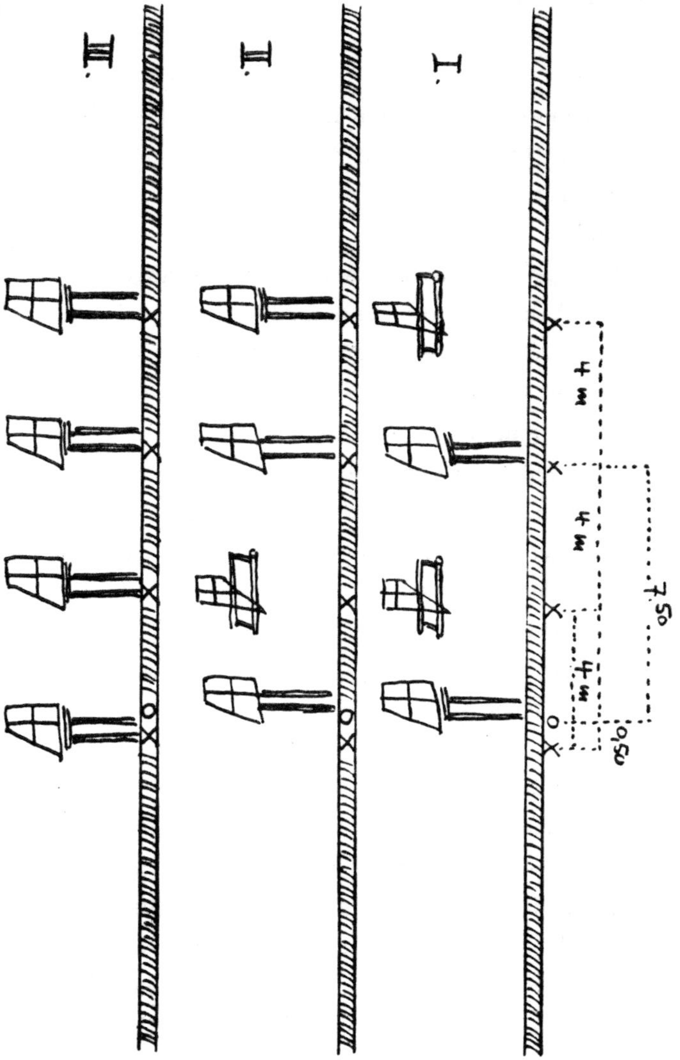
I.
II.
III.
4 m
4 m
4 m
7,50
0,50

ZUM ABSCHLUSS

Wenn es mir gelungen ist, auf den beiden Sektoren Rittigkeit bis zur Anforderung einer Dressurprüfung Kl. A

und

Spring-Grundschule bis zu einem Springen der Kl. A mein Pferd heranzubilden, habe ich alle die Aufgaben erfüllt, die zu den ersten Schritten meines Pferdes gehören, um nun weiterhin mein Pferd je nach Veranlagung für die höheren Klassen weiterzubilden. Mein Pferd wird jetzt fünf Jahre alt sein und damit etwa das Alter eines 20-jährigen, menschlichen Leichtathleten erreicht haben, der in physischer und psychischer Hinsicht für schwere Aufgaben herangereift ist, ohne in seinen Entwicklungsjahren einen Rückschlag durch Überforderung erlitten zu haben.

Wir wollen es ruhig aussprechen, daß heute der größte Teil befähigter Pferde durch frühzeitiges Überfordern zuschanden geritten wird und daß die »Modekrankheit« der Hufrollenentzündung dort ihre Ursache hat, und das die allgemeine starke Anfälligkeit der Pferde darauf zurückzuführen ist, daß man ihr Nervensystem ruiniert, anstatt es stark und widerstandsfähig zu machen, wie es in diesem Buch geschildert ist.

Man hat es mit keiner Maschine, sondern mit einem den Naturgesetzen unterworfenen Lebewesen zu tun, und die Natur läßt sich nicht ungestraft vergewaltigen.

Damit soll dieses Buch seinen Abschluß finden. Die ersten Schritte sind getan.

APHORISMEN

Die natürliche Ausbildungsmethode erfordert eingehendes Studium körperlicher und seelischer Vorgänge, planmäßigen aber individuellen Aufbau und eine lebendige frische Geisteshaltung bei körperlicher Geschmeidigkeit.

Jeder Erfolg einer Ausbildungsmethode, und ganz besonders der natürlichen, wird blockiert oder im Keim erstickt durch Vorurteile, Klischee-Denken und selbstzufriedene Sturheit.

Die natürliche Ausbildungsmethode bedeutet sinnvolle Auswertung natürlicher Lebensgesetze im Rahmen der Fähigkeiten des betreffenden Individuums.

Bei der Ausbildung eines Pferdes wird es sich darum handeln, daß der Reiter sich zunächst dem Pferd anpassen muß, bis das Verständnis und das Vertrauen erreicht sind. Sind sie erreicht, befinden wir uns im Stadium der Zusammenarbeit und der Partnerschaft. Von nun ab ist es möglich, daß sich das Pferd dem Reiter anpaßt.

Erfolge aus Drill, Zwang und Gewalt sind

Pyrrhus-Siege. In entscheidenden Situationen wird das Pferd zum Gegner des Reiters.

Wenn Vernunft und Können im Mißverhältnis zueinander stehen, oder wenn gar beides mangelhaft vorhanden ist, ist es besser, gleich jede Hoffnung fahren zu lassen.

Mit schlecht geschulten Pferden in einer Dressurprüfung zu starten, bekundet nicht Interesse am Dressurreiten, sondern Veranlagung zur Unverschämtheit.

Mit schlecht geschulten Springpferden in Springen zu starten, ist nicht Mut, sondern Dummheit.

Aus den ersten Schritten unseres Pferdes, die wir mit ihm machen und die wir belehrend begleiten, prägt sich die Zukunft dieses Pferdes.

Wenn man heute manchmal die Ansicht zu hören bekommt, in gutem, eleganten Stil könne man nicht über schwere Sprünge reiten, dann bitte ich die hervorragenden Stil-Photos eines Hans-Heinz Brinckmann, Harald Momm, der beiden Hasse, Brandt, Graf Hohenau, Axel Holst, — ich könnte die Liste noch erweitern — oder der berühmten Italiener, die auf der Grundlage ihres

Meisters Caprilli erstanden sind, wie Bettoni, Borsarelli, Lequio, Formigli, Lombardo, Ubertalli und andere mehr zu betrachten, und zu verstehen, was ich meine, wenn ich von kultiviertem Springsport spreche. Alle diese haben an zahlreichen Nationenpreisen und schweren Springen ihren ausgeschliffenen Stil geritten.

Wenn man es also heute angeblich nicht mehr so können soll — warum?

Man wartet auf meine Antwort? Hier ist sie: Weil man die ersten Schritte der jungen Pferde übereilt, sie überfordert und dann aus dem circulus vitiosus nicht mehr herauskommt. Dann kommt nämlich der Augenblick, wo der Routinier ohne Gewalt nicht mehr auskommt, es aber doch noch »hinkriegt«, weil er eben Routinier ist. Das Heer der Minderbegabten geht an diesem Punkt zu Grunde.

Man sollte als Dressurreiter vornehm und geschmeidig sein wie ein Tänzer, und man sollte als Springreiter die Bewegung beherrschen wie ein Wellenreiter auf dem Brett.

Toleranz ist ein Medikament, das Wunder wirkt.

Verständnis — Energie — Duldsamkeit sind eine gute Mischung.

Die klassische Schule der Reitkunst beginnt mit dem Einfluß eines Pluvinel und de la Guérinière, die klassische Schule des Gelände- und Springreitens beginnt mit Federico Caprilli.

In gleicher Ausführung sind erschienen:

Rolf Becher

HINDERNISSE, PARCOURS, GELÄNDESTRECKEN

Ein Handbuch für Reitervereine, reichhaltig illustriert, unentbehrlich für die Schulungsarbeit.

Rolf Becher

SPRINGFREUDE MIT PFERDEN

In diesem Buch wird aufgezeigt, wie man zusammen mit seinem Pferd springen kann, frei von Mitgefühl und Abneigung. Begeisterung wird bei Mensch und Tier geweckt. Mit zahlreichen Illustrationen.

Doris Stepperger-Raila

AUFGESESSEN

Eine kleine Anweisung für Amazonen, mit 15 Zeichnungen. Wer diese Lektionen im Plauderton beherrscht, kann reiten, und selbst wer schon reitet, lernt noch viel dazu, ohne Zwang und ohne Widerwillen.

ERICH HOFFMANN VERLAG HEIDENHEIM